# LUTO NO TRABALHO

*CONSELHO EDITORIAL*

André Luiz V. da Costa e Silva

Cecilia Consolo

Dijon De Moraes

Jarbas Vargas Nascimento

Luís Augusto Barbosa Cortez

Marco Aurélio Cremasco

Rogerio Lerner

**Blucher**

# LUTO NO TRABALHO

*Vivências de perda e pesar na trajetória de carreira*

Maria Luiza Dias

*Luto no trabalho: vivências de perda e pesar na trajetória de carreira*
© 2023 Maria Luiza Dias
Editora Edgard Blücher Ltda.

*Publisher* Edgard Blücher
*Editores* Eduardo Blücher e Jonatas Eliakim
*Coordenação editorial* Andressa Lira
*Produção editorial* Kedma Marques
*Preparação de texto* Lidiane Pedroso
*Diagramação* Thaís Pereira
*Revisão de texto* Samira Panini
*Capa* Laércio Flenic
*Imagem da capa* iStockphoto

## Blucher

Rua Pedroso Alvarenga, 1245, 4º andar
04531-934 – São Paulo – SP – Brasil
Tel.: 55 11 3078-5366
contato@blucher.com.br
www.blucher.com.br

Segundo o Novo Acordo Ortográfico, conforme
6. ed. do *Vocabulário Ortográfico da Língua
Portuguesa*, Academia Brasileira de Letras,
julho de 2021.

É proibida a reprodução total ou parcial por
quaisquer meios sem autorização escrita da
editora.

Dados Internacionais de Catalogação
na Publicação (CIP)
Angélica Ilacqua CRB-8/7057

Dias, Maria Luiza

Luto no trabalho: vivências de perda e pesar
na trajetória de carreira / Maria Luiza Dias. – São
Paulo: Blucher, 2023.

p. 270

Bibliografia

ISBN 978-65-5506-630-2

1. Psicologia do trabalho 2. Ambiente de
trabalho – Luto 3. Perda I. Título

23-3106                                          CDD 158,7

Todos os direitos reservados pela Editora Edgard
Blücher Ltda.

Índices para catálogo sistemático:
1. Psicologia do trabalho

# Dedicatória

Dedico este volume ao meu supervisor desta pesquisa no Instituto de Psicologia da Universidade de São Paulo (IPUSP), Professor Dr. Marcelo Afonso Ribeiro, que com enorme tranquilidade me auxiliou a realizar todas as etapas do trabalho, encorajando-me e confiando que essa reflexão resultaria em uma produção de valor. Profissional íntegro, inteligente, que emana em suas expressões tudo o que se esperaria de um genuíno e humanizado psicólogo social do trabalho. Com importantes e seguras palavras me ofereceu a valiosa interlocução para que a pesquisa pudesse ser finalizada (out. 2019 a out. 2021), em meio a tanto sofrimento instalado no período da Covid-19, em todos os setores da sociedade brasileira, inclusive transtornando diversos contextos do mundo do trabalho, afetando variados segmentos de trabalhadores em nosso país.

Ao Professor Dr. Marcelo, meus sinceros agradecimentos e permaneço na esperança de que este trabalho inspire outros que venham a contribuir para intervenções importantes e políticas públicas que preservem a saúde do trabalhador e seu bom lugar nos diversos contextos do labor.

# Agradecimentos

Ao meu marido Eduardo e à querida filha Giulia, pela tolerância nos momentos de escrita e construção deste trabalho, em meio aos finais de semana.

À minha competente, afetiva e inteligente irmã Beatriz, pela colaboração na troca de ideias e acolhimento em meus momentos de indignação diante das descobertas, dada sua vasta experiência nas áreas de consultoria empresarial e *coaching*.

A todos os trabalhadores e gestores que concederam entrevista para este estudo, revelando suas experiências, seus verdadeiros sentimentos e visões sobre seus percursos pelo mundo do trabalho.

# Apresentação

Caro leitor, este livro destina-se a todos aqueles que se sensibilizam com as necessidades humanas presentes no mundo do trabalho. Trata-se da publicação dos resultados de uma pesquisa de pós--doutorado. Embora os achados deste estudo realizado, a serem expostos por meio desta publicação, sejam oriundos de conversas tidas com trabalhadores – gestores ou funcionários – de empresas familiares, nacionais ou multinacionais atuantes na cidade de São Paulo, penso que a experiência do luto decorrente de vivências no trabalho esteja presente em todas as atividades laborais voltadas ao ganho material da subsistência. Entendo, ainda, que o foco deste estudo a ser apresentado sobre a experiência do enlutamento no universo do trabalho[1] possa servir de motivação e inspiração para futuras pesquisas.

Ciente de que nos deparamos com toda uma gama de trabalhos existentes nos universos ocupacionais da realidade brasileira, este

---

1 Cabe lembrar que o mundo do trabalho é muito maior do que o trabalho assalariado regulado pela Consolidação das Leis do Trabalho (CLT) encontrado no espaço urbano. Tomam lugar no nosso país, outras relações de trabalho, por exemplo, tudo a que chamamos de trabalho informal.

texto assume sua posição de apresentar achados de pesquisa realizada em meu pós-doutoramento, concluído no Departamento de Psicologia Social do Trabalho, no Instituto de Psicologia da Universidade de São Paulo (IPUSP), em outubro de 2021, circunscrito às vivências de trabalhadores dentro das organizações, na cidade de São Paulo. A pesquisa intitulada "O indivíduo em luto na organização: perdas e enlutamento na experiência laboral de gestores e trabalhadores, na cidade de São Paulo" trata de processos de enlutamento vividos a partir de experiências tidas por gestores e funcionários entrevistados, no percurso de suas carreiras. Focaliza, portanto, o sofrimento físico e psíquico de trabalhadores[2] decorrentes das vivências laborais.

A Psicologia Social do Trabalho, em sua caminhada na história da Psicologia Social brasileira, muito se voltou às questões e necessidades de trabalhadores, tomando posição de defesa das suas necessidades, ao colocar o foco da sua atividade de busca por conhecimento, pesquisa e intervenção a serviço das necessidades humanas no exercício de atividades de trabalho, sensibilizando-se sobremaneira com o sofrimento humano e solidarizando-se com a necessidade de melhorias no âmbito do trabalho para variados segmentos da população. Parece-me que o tema do enlutamento em processos de trabalho, no entanto, ainda não havia sido focalizado em profundidade nesse campo do conhecimento ou, pelo menos, não com essa nomenclatura.

Na literatura psicológica e psicanalítica, o luto é concebido como uma experiência de pesar diante de uma perda significativa e ocorre, em geral, deslocando-se por algumas fases, as quais alguns autores arriscaram descrevê-las, mesmo ponderando que elas podem variar

---

2 Para facilitar a leitura, optamos por utilizar a palavra "trabalhadores" como categoria global, o que não significa que estejamos ignorando toda a diversidade de gênero presente nas relações humanas no universo do trabalho, nem tampouco que estejamos reduzindo a classe trabalhadora ao domínio do masculino ou do homem branco e heterossexual.

de sujeito a sujeito que experimenta o luto. O luto no trabalho pode ser visto muito além do que nas experiências do desemprego, da aposentadoria ou do *turn* de carreira (mudança/reorientação de carreira) – por exemplo, podem se originar em mudanças estratégicas na empresa, fora do controle do indivíduo trabalhador (mudanças na direção da empresa, nos processos de trabalho, de exigências para a função, tecnológicas etc.) ou serem decorrentes de mudanças na carreira do indivíduo e aí passam por escolhas da pessoa (promoção, transferência, mudança de emprego etc.). Ele também assume alguns tipos. No contexto de nossa pesquisa, o luto negado e, sobretudo, aquele que se complica, denominado "luto complicado", recebeu maior atenção na análise dos achados deste estudo. Isso porque ele enreda o trabalhador em uma condição de sofrimento psíquico e/ ou físico não profícuo, prejudicando o indivíduo na tarefa de lidar com sua realidade.

Se nós estamos falando em luto, por que este trabalho se dirigiu à Psicologia do Trabalho e não à área da Psicologia Clínica, especialmente? Penso que esta focalizaria um âmbito mais intimista vivido pelo indivíduo trabalhador e que a experiência do luto no trabalho encontra-se enredada em uma trama ampliada de condições presentes no mundo do trabalho. Encontramos nos depoimentos colhidos profundos sofrimentos que nos remetem a fatores instalados pelo modo de produção capitalista em que vivemos, acentuando o sofrimento desses indivíduos trabalhadores, incomodando sua saúde física e psíquica, gerando adoecimentos de natureza diversa.

Que este estudo o qual apresentamos neste livro possa trazer consciência do que fere a natureza humana e colaborar com transformações necessárias à maior humanização dos vínculos sociais tecidos nas redes laborais presentes em nosso país, promovendo a saúde física e psíquica do trabalhador no lugar de prejudicá-la.

# Prefácio

*Marcelo Afonso Ribeiro*[1]

O trabalho tem sido reiteradamente colocado como central para a experiência humana, seja na dimensão psíquica, seja na dimensão sociocultural, ou, como costumamos conceituar no campo da Psicologia Social do Trabalho, no qual este trabalho se insere, na dimensão psicossocial, partindo do pressuposto que o subjetivo e o social são dimensões indissociáveis da experiência humana.

---

1 Professor associado do Departamento de Psicologia Social e do Trabalho do Instituto de Psicologia da USP onde coordena o Centro de Psicologia Aplicada ao Trabalho (CPAT) e o Serviço de Orientação Profissional (SOP).

14 PREFÁCIO

David Blustein, autor norte-americano importante no campo de estudos sobre trabalho e carreira, sintetiza essa ideia ao dizer que o trabalhar (ação de uma pessoa em dado momento em dado contexto do mundo do trabalho) busca satisfazer três necessidades humanas básicas: sobrevivência, conexão social e autodeterminação, e deveria, potencialmente, redundar em realização no trabalho e bem-estar.

Assim, podemos concluir que o trabalhar é gerador de bem-estar individual, social e econômico, e organizador da estrutura e da dinâmica da vida social, por isso seria central para a experiência humana. Devemos, aqui, salientar, que não devemos reduzir o trabalhar à esfera produtiva capitalista e sim ampliá-lo para todas as atividades de ação e transformação de si e do mundo. Karl Marx, na metade do século XIX, apostava no trabalho como libertação da vida, embora colocasse, já naquele momento, dúvidas sobre essa potencial resultante do trabalhar.

Christophe Dejours, um dos autores adotados como referência na presente obra e fundador do campo da Psicodinâmica do Trabalho baseado na Psicanálise, postulava que toda atividade de trabalho seria geradora de sofrimento, mas, ao mesmo tempo, seria possibilitadora de elaboração deste sofrimento, que estaria relacionado à angústia fundacional da vida, segundo a teoria psicanalítica. Consolidando uma ideia deixada por Sigmund Freud no seu texto sobre *O mal-estar na civilização* de que o trabalho seria a ação social primordial para sublimação da angústia fundacional da vida, Dejours propõe que a ação de trabalhar deveria ser ação de mediação do acesso ao real e possibilitaria engajamento do corpo no mundo, as relações com as/ os outras/os (mundo intersubjetivo), reconhecimento social, produção de significados e sentidos, e construção de um lugar e de uma identidade no campo psicossocial. Aponta que o sofrimento inicial gerado pelo trabalhar poderia, por um lado, resultar em sofrimento criativo, no qual o ser humano potencialmente se transformaria, como Marx igualmente apontou em termos socioeconômicos, mas, por outro lado, poderia redundar em sofrimento patogênico, no qual o ser humano não conseguiria tornar a atividade de trabalho em ação de transformação de si e adoeceria trabalhando ou se alienaria trabalhando ao cumprir às demandas da organização do trabalho, sem que o trabalhar produzisse realização no trabalho e bem-estar, como sintetizou Blustein.

O que vem sendo predominante no mundo do trabalho contemporâneo? Vivemos em pleno século XXI e parece que as suspeitas de Marx se confirmaram e o trabalhar que, potencialmente libertaria, está aprisionando as pessoas, impedindo a realização e o bem-estar e deixando de cumprir seu papel sociocultural na sociedade.

Mas por que isso estaria acontecendo? A grande maioria das/os autoras/es contemporâneos que discutem trabalho e mundo do trabalho, entre eles os já citados David Blustein e Christophe Dejours, além de Eugène Enriquez, Helena Hirata e Ricardo Antunes, citadas/os na presente obra, destacam que o sistema capitalista vem moldando a sociedade desde o final do século XIX no sentido de colocar o desenvolvimento econômico acima do desenvolvimento social, fazendo com que a produtividade seja considerada mais importante do que a sociedade e, diria, a humanidade.

Se a dimensão econômica produtiva é mais importante do que a dimensão social e humana, e as/os trabalhadoras/es deveriam atender aos imperativos da produtividade sobre as demandas e necessidades subjetivas e sociais, o único resultado possível seria um mundo do trabalho que gera mais sofrimento e adoecimento do que realização e bem-estar, como a própria autora da presente obra diz: "Num mundo mecanizado e tecnológico, necessidades humanas do trabalhador e até a mais básica – ter emprego – ficam alocadas em patamar secundário".

16    PREFÁCIO

Em geral, o campo de estudos sobre organização e saúde no trabalho tem estado atento a essas questões e tem produzido muito material acerca do tema sobre vários aspectos e pontos de vista. A presente obra elaborada pela Dra. Maria Luiza Dias nos brinda com um olhar focado em uma dimensão do sofrimento gerado pelo trabalho que, muitas vezes, é invisível e pouco óbvia, que são os processos de enlutamento no e pelo trabalho.

"Luto no trabalho: vivências de perda e pesar na trajetória de carreira" oferece uma reflexão original, profunda e muito delicada sobre uma série de experiências que trabalhadoras e trabalhadores têm vivenciado na contemporaneidade, em geral, invisibilizadas e pouco reconhecidas e legitimadas como experiências de sofrimento (inclusive pelas próprias pessoas que trabalham), que produzem verdadeiras e significativas rupturas das trajetórias e dos sentidos da vida e requerem a vivência de complexos processos de enlutamento para reconstrução da vida e da possibilidade de novamente ter satisfação por meio do trabalhar.

Maria Luiza é pesquisadora, profissional experiente e competente, e vem se dedicando a estudar questões sobre sofrimento, luto e suicídio desde as suas primeiras incursões no campo da investigação científica. Na presente obra, de forma profunda e qualificada, articula saberes da Psicanálise, da Psicodinâmica do Trabalho, da Psicologia Social do Trabalho e das Ciências Sociais – indo do subjetivo ao sociocultural, colocando em ação da escuta psicanalítica à análise sociológica, sempre de maneira psicossocial, como já descrito, buscando compreender e analisar a sutileza profunda das experiências de luto no trabalho, inclusive desvelando e nomeando como processos de enlutamento, experiências e vivências no trabalhar que, à primeira vista, não seriam consideradas dessa maneira.

Assim, o luto no trabalho vai além de experiências de rupturas geradas pelo desemprego, pela aposentadoria ou pela mudança ou reorientação de carreira, e pode ser originado por mudanças estratégicas na empresa, fora do controle de quem trabalha, ou ser decorrente de pequenos, mas significativos, acontecimentos do cotidiano de trabalho, geradores de frustação e ruptura, por exemplo, a promoção não alcançada, o assédio moral, um projeto interrompido etc.

Ao longo das páginas e capítulos, a autora postula sua questão de pesquisa e análise, conceitua luto e processo de enlutamento, resultando na discussão sobre luto no trabalho e, mais especificamente, no contexto organizacional das empresas, descreve concisamente o método empregado em sua pesquisa, e nos agracia com relevantes e inovadores resultados de sua investigação, com narrativas e análises intensas e claras quanto à proposta do presente livro.

A presente obra auxilia na definição e compreensão do sofrimento psíquico no trabalho relacionado ao enlutamento por perdas vividas no contexto laboral; exemplifica com a experiência de oito trabalhadoras e trabalhadores que se dispuseram, de maneira generosa e corajosa, a compartilhar suas experiências no trabalhar; propõe, a partir do campo de pesquisa, uma tipologia de lutos vividos no trabalho (postergado, adiado, não autorizado, não identificado, prolongado); e contribui para analisar a necessidade de intervenções organizacionais e políticas de gestão e políticas públicas de prevenção da saúde mental da/o trabalhadora/or e, no limite, políticas de gestão e políticas públicas voltadas a transformar a organização do trabalho no sentido de que o trabalhar tenha a realização e o bem-estar como resultantes primordiais.

Alerta para o fato de que muitas experiências de ruptura vividas no trabalho não ganham a importância devida e geram situações de luto que ficam invisibilizadas, agravando a vivência do sofrimento e redundando em adoecimentos e afastamentos do trabalho. Intensa queda de cabelo, perda excessiva de peso, alopecia, pneumonia, entre outras manifestações psicossomáticas, compõem o conjunto de resultantes do sofrimento não elaborado gerado pelo trabalho. Maria Luiza conclui seu trabalho dizendo, com tom de preocupação, que apenas duas/dois das/os oito entrevistadas/os tinham concluído as etapas de um luto chegando a uma verdadeira despedida da experiência, reconhecida e aceita como do tempo passado, e experienciado um luto normal e elaborado, dando caminho para a perlaboração, que prepara para o enfrentamento e a possibilidade de novamente vivenciar o bem-estar no e pelo trabalho.

É por esse motivo que a leitura deste livro oferece recursos valiosos para a tarefa inesgotável da gestão da saúde e da qualidade de vida de quem trabalha na contemporaneidade, sendo um convite para reflexão sobre algo central para a vida humana: a possibilidade de trabalhar e de se realizar pelo trabalho, sempre necessitando receber o devido cuidado e atenção tanto das políticas públicas, como das políticas de gestão. Afinal, como Maria Luiza pontua em relação ao trabalhar: "O poder contar com outras pessoas foi sempre fundamental".

São Paulo, junho de 2023

# Conteúdo

| | |
|---|---|
| Introdução | 21 |
| 1. A literatura sobre luto: conceituação e processo na perspectiva de diferentes autores | 25 |
| 2. Sobre o foco desta pesquisa: o luto nas organizações | 49 |
| 3. Luto na organização: relato de experiência de gestores e trabalhadores atuantes em empresas, na cidade de São Paulo | 75 |
| 4. Sofrimento psíquico no trabalho relacionado ao enlutamento por perda(s) vivida(s) no contexto laboral e políticas de gestão e de prevenção da saúde mental do trabalhador | 175 |
| Conclusão | 243 |
| Referências | 257 |
| Anexo 1 | 267 |
| Anexo 2 | 269 |

# Introdução

*"Nenhum homem pode banhar-se duas vezes no mesmo rio. . . pois na segunda vez o rio já não é o mesmo, nem tão pouco o homem!"*

Heráclito de Efeso[1]

O tempo não espera, não para e o passado não volta. O passado se vai e o que temos é o presente e a possibilidade de desejarmos um futuro de alguma natureza. É fato que o tempo no mundo contemporâneo, para muitos, voa. Como caminhar o melhor que podemos, sabendo que não trilharemos o mesmo caminho novamente e que um dia algo ou a nossa própria existência finda? Não é por acaso que a música "Trem-Bala" interpretada por Ana Vilela, recebeu tão grande atenção e envolveu milhares de ouvintes, contando com a estrofe:[2]

---

1 Extraído de http://pensador.uol.com.br/frase/MTM1NjQ5Mg/. Acesso em 26.01.2019.

2 Extraído de https://www.vagalume.com.br/ana-vilela/trem-bala.html. Acesso em 26.01.2019.

*"Segura teu filho no colo*
*Sorria e abraça teus pais*
*Enquanto estão aqui*
*Que a vida é trem-bala parceiro*
*E a gente é só passageiro prestes a partir."*

Mesmo sabendo que o fluxo da vida se dá em constante movimento, nem sempre o indivíduo encontra-se preparado ou disposto a seguir para algo novo. Mudanças, sobretudo, as abruptas, podem engendrar altos níveis de estresse, o que pode ser vivenciado também nas atividades laborais. Muitas dessas passagens no processo de viver e compartir experiências põem o indivíduo diante de processos de despedida e de luto.

As relações de trabalho também participam desse universo. Nelas, perdas significativas são vivenciadas, sem que o trabalhador encontre espaço de elaboração psíquica ou, até mesmo, identifique que está envolvido em processos de luto. A partir da escuta de relatos de indivíduos adultos, em ambiente clínico de consultório, interessei-me por este tema. Rapidamente foi possível constatar o quanto nossa sociedade brasileira não prevê espaço psíquico para o manejo dessa natureza de experiências. O sofrimento psíquico no trabalho merece ser foco de atenção de pesquisas, para que nos instrumentalizemos a identificar, acolher e atuar sobre os fenômenos do luto no ambiente laboral ou decorrentes do afastamento das atividades no mercado de trabalho, que ficam à margem, para além de uma inserção laboral. Se o indivíduo para bem desenvolver-se em sua trajetória individual no tecido social necessita encontrar acolhimento em inter-relação com os demais indivíduos circundantes, ele também precisa receber suporte/sustentação da estrutura socioeconômica e política mais ampla. Ser destacado, quem sabe, descartado, sem nenhum tipo de cuidado, de sua rotina de trabalho, por exemplo, é elemento propulsor a ascender ainda mais a percentagem de indivíduos que desenvolvem transtornos de ansiedade ou depressivos. Formas de adoecimentos tão observadas na contemporaneidade, ao lado das manifestações da Síndrome de *Burnout*, quadro de estresse decorrente das tensões nas relações interpessoais no ambiente de trabalho.

Para tratar deste tema, realizamos pesquisa em literatura sobre o luto e ouvimos trabalhadores, por meio de entrevistas semidirigidas. Para ir mais além, como ampliação do tema, convidamos nosso leitor interessado a pensar conosco possíveis práticas de políticas públicas que possam dar conta de ofertar maior continência à população que trabalha em nosso país.

# 1. A literatura sobre luto: conceituação e processo na perspectiva de diferentes autores

Muitas são as perspectivas por meio das quais o fenômeno do luto pode ser focalizado: em seus aspectos psicológicos, culturais, socioafetivos, políticos, econômicos, religiosos e assim por diante. Encontramos trabalhos sobre o luto, ainda, nas Artes Plásticas, na Literatura, na Música, na Filosofia etc. Quando decorrente do óbito de um indivíduo, a causa *mortis* pode ter diferentes origens – doença, violência, suicídio, acidente, intempérie natural, entre outros –, o que influenciará também o curso do luto vivido pelo enlutado. Há trabalhos que focalizam certas especificidades do luto, a partir do momento do ciclo vital em que a perda acontece ou o tipo de vínculo ou posição no parentesco em relação à pessoa falecida, como ocorre na abordagem do luto parental. Outras áreas também tiveram seu interesse capturado pelo fenômeno do luto, por exemplo, os campos que estudam a resiliência, a espiritualidade ou a bioética.

Escolhemos para este estudo focalizar as situações de perda relacionadas ao campo laboral e às vivências dos sujeitos envolvidos nesses episódios, suas reações na passagem por processo de luto, e verificar se ele ocorre. Estudar e investigar tais experiências mobilizaram nossa atenção na esperança de, ao conhecer o fenômeno, poder contribuir com um repertório que permita auxiliar o trabalhador que passe por tal vivência. Como a experiência da morte é inerente à da vida, podemos até antecipar dizer, que basta ser um trabalhador para que se viva o luto. Já que numa trajetória de carreira, muitos movimentos ocorrerão, ora causando conforto, ora desconforto a quem trabalha. Muitas vezes, para se produzir o novo ou outra forma de viver ou sobreviver no mundo do trabalho, é também preciso morrer de algum modo.

Aiub (2014, p. 63) bem caracterizou esse movimento dialético entre vida e morte. Salientando que "se estamos vivos, caminhamos para a morte, morremos a cada instante, mas também cultivamos a vida, com substituição de nossas células, com renovações de nosso ser". A autora nos lembra que nossas organizações sociais também nascem e morrem a cada dia, refazendo-se e desfazendo-se em novas formas. A autora propôs as seguintes questões:

> *Quantas vezes morremos em vida? Quantos projetos abortados? Quantas decepções? Em um primeiro momento a morte nos atinge, congela, impede. Mas assim que vivemos nosso luto, que choramos nossos sonhos mortos, nova vida surge: novos planos, novas possibilidades, às vezes melhores que as anteriores. Quantas vezes se faz necessário que abortemos um projeto falido para darmos lugar a uma proposta mais condizente com as possibilidades reais? Quantas outras vezes necessitamos negar uma ideia para que outras possam surgir? Quantas vezes aquele que nos contradiz e nos provoca ao abandono de um posicionamento fechado nos impulsiona, ao mesmo tempo, ao renascimento, através de novas posições?*

*O problema é que tememos a morte, nos apavoramos diante dela, ao invés de vê-la como possibilidade de vida.*

Encontramos, portanto, em alguns livros da literatura que aborda o luto, um panorama mais ampliado sobre essa questão, visão a qual optamos por adotar em nosso estudo sobre o luto entre trabalhadores.

## O luto tratado na Psicologia e na Psicanálise

O luto na literatura psicológica e psicanalítica é concebido como um processo natural e universal diante de uma perda significativa, por exemplo: morte, divórcio, desemprego, perda de poder aquisitivo, despedida de uma fase da etapa evolutiva da família (como acontece quando os filhos saem de casa), dentre inúmeras outras possibilidades.

O psicanalista Caruso (1989), por exemplo, dedicou-se ao estudo da separação definitiva daqueles a quem se ama e afirmou que "estudar a separação amorosa significa estudar a presença da morte em nossa vida" (p. 12). Interessou-se por pesquisar os dinamismos psíquicos e as forças defensivas do que chamou de "morte em vida", no contexto da separação entre amantes. Em suas próprias palavras (1989, p. 20): "o outro morre em vida, mas morre dentro de mim"; "eu também morro na consciência do outro". Desse modo, aponta que a separação produz uma morte na consciência.

Penso que sua originalidade, ao estudar "a separação dos amantes", como intitulou sua obra, foi pensar o luto quando não é decorrente da morte física de alguém amado e sim da morte psíquica na vida dos seres humanos. Essa noção de "morte psíquica" permite-nos ampliar essa perspectiva também a outras experiências de perda,

## 28  A LITERATURA SOBRE LUTO

que implicam em posterior enlutamento, como o processo que pode ocorrer quando se deixa uma opção de escolha profissional ou um emprego ao qual se tem apreço ou até a oportunidade de atender a uma demanda familiar e obter status ou prestígio diante do grupo de pertencimento, por exemplo. Nessa mesma direção, uma frase atribuída a Albert Schweitzer (1875-1965), médico alemão, ficou conhecida e ganhou forte expressão: "a tragédia não é quando um homem morre. A tragédia é o que morre dentro de um homem quando ele está vivo".[1]

Embora, no senso comum, o enlutamento possa ser confundido com um quadro depressivo, é importante ressaltar que depressão é diferente de luto. A depressão é tratada como uma doença e está registrada na Classificação de Transtornos Mentais e de Comportamento da Classificação Internacional das Doenças – CID-10 (Organização Mundial de Saúde [OMS], 1993) e no DSM-5 (*American Psychiatric Association* [APA], 2014), em que constam a depressão maior, a distimia e o transtorno afetivo bipolar, dentre outros transtornos de humor. O risco de depressão é associado a distúrbios psiquiátricos e/ou de suicídio, enquanto a literatura trata o processo de luto como uma reação considerada normal e esperada diante de uma perda significativa.

Nessa perspectiva, as reações ao luto podem assumir algumas configurações, como: luto crônico, inibido, exagerado, mascarado, antecipado. Diferenças culturais também são esperadas – há reações normais em uma cultura, que não o são em outra. Acredita-se que os lutos em idade avançada são raramente inesperados e fora de hora.

Alguns autores propuseram que o luto pode ser compreendido como um processo que evolui em determinadas fases. Para Bowlby (1985), por exemplo, o processo de luto implica na passagem por

---

1 Fonte: https://pensador.uol.com.br/frase/MTczNjE5Nw/. Acesso em 26.01.2019.

quatro fases: a fase de entorpecimento (choque como reação imediata e incapacidade de aceitar a notícia da perda); a fase de anseio e busca pela pessoa perdida (o enlutado vivencia sentimentos da presença concreta do ente falecido e raiva, por não conseguir restabelecer o elo partido); a fase de desorganização e de desespero (dado que o enlutado não pode reviver o morto – isto pode levar a pessoa a tornar-se apática); e a fase de maior ou menor grau de reorganização (ocorre a aceitação gradual da perda, com a percepção de que é necessário reconstruir a própria vida). Kübler-Ross (1977) e Parkes (1998) também propuseram uma sequência de etapas nesse processo. Paula (2010) apresentou, de modo resumido, as fases do processo de luto, propostas pelos três autores, as quais serão utilizadas, mais adiante, para a discussão dos temas deste trabalho. Assim temos as fases do luto, para:

1. Elizabeth Kübler-Ross – Negação e isolamento; raiva; barganha; depressão; aceitação.

2. John Bowlby – Fase de torpor ou aturdimento; fase da saudade e busca da figura perdida; fase da desorganização e desespero; fase de maior ou menor grau de reorganização.

3. Collin Murray Parkes – Alarme, tensão e estado de vigília; movimentação inquieta; preocupação com pensamentos sobre a pessoa perdida; desenvolvimento de um conjunto perceptivo para aquela pessoa; perda de interesse na aparência pessoal e em outros assuntos que normalmente ocupariam sua atenção; direção da atenção para aquelas partes do ambiente nas quais a pessoa perdida poderia estar; chamar pela pessoa perdida (p. 121).

Cabe ressaltar que John Bowlby (1998; 2004) criou a teoria do apego (nome pelo qual ficou conhecida), tendo por sustentação seus estudos com crianças que sofreram separação de suas mães. Dedicou-se a observar reações biológicas, emocionais e cognitivas

30   A LITERATURA SOBRE LUTO

na experiência do rompimento dos laços afetivos, tendo publicado obras importantes sobre o desenvolvimento humano, apego e a separação. Ao final da década de 1950, Colin Murray Parkes (1998) voltou-se ao estudo sobre o luto e integrou-se à equipe de John Bowlby, no Instituto *Tavistock* de Relações Humanas em 1962. Segundo Silva (2014), ambos trabalharam em colaboração no estudo do luto até 1992, parceria que se rompeu por ocasião do falecimento de Bowlby. Silva (2014) resumiu o pensamento de Parkes sobre o luto, afirmando que esse autor estabeleceu sua *teoria biológica do luto* "com foco em reações de alarme; procura; alívio; raiva e culpa; além da obtenção de nova identidade" (Silva, 2014, p. 73). Ao lado desses autores, Elizabeth Kübler-Ross (1977), médica suíça que migrou para os EUA, interessou-se pelo tema do luto a partir da observação de doentes terminais em um hospital no qual trabalhava. Rompeu o tabu em torno da morte, gerando um conhecimento sobre os estágios, arrolados anteriormente, pelos quais passavam os pacientes no processo de morrer.

A literatura psicológica e psicanalítica dedicou-se, portanto, a acompanhar pessoas e famílias enlutadas, procurando distinguir as características do processo de luto "normal" do luto "complicado" (termo contemporâneo para nomear o luto que anteriormente era denominado por "patológico"). Em programa de televisão (Manhã Maior/Rede TV/05.08.2011) foi apresentado um *videotape* com depoimentos de pessoas que sofreram perdas, dentre elas, uma moça que, inconformada com a perda do pai, passou a assumir a identidade dele, o que incluía, inclusive, a ingestão de seus medicamentos, tendo abandonado esse quadro apenas após realizar uma psicoterapia. Para quadros como esse, por exemplo, se atribui o termo "complicado". Nessa linha de raciocínio, a psicoterapia, em variadas abordagens, é compreendida como uma oportunidade para promover o autoconhecimento e desenvolver mais recursos internos, de modo que o indivíduo ou o grupo familiar dê conta do enfrentamento dos eventos da vida e da morte, que incluem ganhos, perdas e transições.

Um ser humano morre em qualquer idade. No caso apresentado acima, tratava-se de morte concreta (óbito), mas é possível pensar na morte de planos, de um vínculo, de um emprego, de uma oportunidade, de um relacionamento amoroso, da saúde, de um sonho. Perdemos todos os dias. A morte é fato da natureza humana. Nesse contexto, a psicoterapia opera como um espaço propício para a expressão de dor e para desenvolver novas ferramentas internas, de modo que o indivíduo e/ou a família possa se reposicionar ao ressignificar experiências, no intuito de delinear um caminho futuro.

O tema do luto foi também acolhido na psicanálise, desde seus primórdios, tendo sido tratado por Freud (1969a/ 1917 [1915]), em *Luto e melancolia*, distinguindo o luto normal do luto considerado por ele patológico: a melancolia. Na abordagem freudiana, o indivíduo no luto normal acaba por aceitar a perda, podendo depois investir em outros objetos, enquanto na melancolia, o indivíduo abandonado, real ou imaginariamente por seu objeto de amor, não consegue investir sua libido em outro objeto, mas se identifica com o objeto perdido. O indivíduo, nesse caso, não consegue expressar sua agressividade e ela se volta contra ele mesmo. O indivíduo investe seu potencial agressivo contra sua própria pessoa – a atrofia do investimento libidinal em objetos externos causa o retrocesso da libido contra ele próprio.

Alguns autores contemporâneos têm por iniciativa recolocar a morte como um tema merecedor de nossa atenção, o que propicia que possamos também dar maior ênfase à importância de se tratar do tema do luto como parte importante das experiências humanas, rompendo-se o tabu em torno dessa área da experiência existencial. Kovács (2003), salientando a importância da compreensão de que a morte faz parte do desenvolvimento humano desde a mais tenra idade e acompanha o ser humano no seu ciclo vital, deixando suas marcas, trata da importância de se preparar pessoas para esse fato por meio da educação para a morte. A autora acredita ser esse um desafio urgente para os profissionais de saúde e de educação. Nesse contexto, entende que a educação implica em desenvolvimento pessoal, aperfeiçoamento e cultivo do ser, e que também pressupõe uma preparação para a morte, envolvendo comunicação, relacionamentos, perdas, situações-limite (por exemplo, doenças, acidentes e até o confronto com a própria morte). A autora discute várias propostas de educação para a morte tanto para o público leigo como para os profissionais; fundou o Laboratório de Estudos sobre a Morte (LEM) e o projeto Falando da Morte (com a criança, com o adolescente, com os idosos, por exemplo). O LEM volta-se aos estudos da morte e do morrer e para uma práxis direcionada para a qualidade de vida de pessoas em situações de crise, sofrimento e dor. Cabe mencionar que na Pontifícia Universidade Católica de São Paulo (PUC-SP) funciona outro laboratório, o Laboratório de Estudos e Intervenções sobre o Luto (LELu), que oferece atendimento a indivíduos e famílias enlutadas.

Na direção do auxílio aos que sofrem, Souza, Moura e Corrêa (2009) propuseram um serviço de pronto atendimento psicológico às pessoas que vivenciam uma perda significativa, seja por morte de uma pessoa de vinculação importante, como a de um familiar ou amigo, seja por óbito de um paciente ou perda da saúde quando do adoecimento e/ou hospitalização, entre outros. Esses autores analisaram o processo de estruturação e implantação de um serviço dessa especificidade em um hospital público universitário, em que desenvolvem a assistência aos que vivenciam esses processos de perda, e apontaram a importância da oferta desse serviço tanto para aqueles que vivenciam o luto pela perda de saúde ou pela morte de uma pessoa significativa, como para profissionais de educação e saúde.

O luto é uma experiência vivida em várias dimensões da vida social, como já mencionado, e a presente pesquisa terá foco no campo do trabalho – campo importante para construção de si e palco de parte significativa das experiências de vida (Antunes, 2015; Blanch, 2007; Dejours, 1987).

## O luto na orientação profissional

Na área da orientação profissional, alguns autores dedicaram-se a pensar o tema da escolha profissional considerando que este é inerente à experiência da escolha, não só representando ganhos, mas também perdas, por exemplo, de possibilidades que serão deixadas para trás, em outras vidas que não se vai ter. Há, portanto, a presença de aspectos de luto no processo de escolha de uma profissão.

A vivência de luto no processo da escolha profissional foi apontada por Bohoslavsky (1977) e ganhou significativa importância para se pensar a natureza da experiência de escolha por uma profissão. O autor afirma que "o fundamental quanto à possibilidade de tomar uma decisão caracteriza-se pela elaboração de luto", mencionando o luto pela adolescência, pelos antigos projetos, pelas escolhas fantasistas e "por tudo o que não se decide, quando o adolescente se decide por alguma coisa" (p. 101). Nessa linha, Bohoslavsky nos lembra de que toda escolha implica em ganhos, mas necessariamente também em perdas, em possibilidades que serão deixadas para trás, coadunando com o que Cecília Meireles tão bem expressou no poema de sua autoria "Ou isto ou aquilo". Sobre a escolha profissional do adolescente, Bohoslavsky (1977, p. 53) afirma: "para um adolescente, definir o futuro não é somente definir o que fazer, mas, fundamentalmente, definir quem ser e, ao mesmo tempo, definir quem não ser". O orientador profissional, com isso, precisa considerar esses processos quando em trabalho de orientação com um indivíduo, seja ele um adolescente ou um adulto, sobretudo acolhendo e trabalhando o luto pela opção secundária. Cabe considerar que lutos mal elaborados podem interferir no encaminhamento profissional futuro do indivíduo, perturbado por conflitos não anteriormente resolvidos. Nessa abordagem, tais processos precisam ser contidos e trabalhados na orientação profissional.

Na literatura psicológica, a adolescência é concebida por si mesma como um processo de transição, em que morre a criança para o nascimento do adulto, processo esse que implicará na vivência de lutos. Os autores argentinos Arminda Aberastury e Mauricio Knobel (1981) apontam a presença de três lutos básicos na adolescência, período do ciclo vital: o luto pelo corpo, pela identidade e pelos pais da infância. Bohoslavsky (1977) menciona, ainda, o luto pela perda da onipotência e, na ótica da escolha profissional, o luto pela opção secundária.

A vivência de luto está não somente no momento da escolha de profissão pelo adolescente, portanto, mas se fará presente ainda nas posteriores escolhas profissionais do mundo adulto e em experiências futuras de perdas, mesmo quando os ganhos estão também à frente. O indivíduo inserido em uma organização passa por transições que o conduzem a vivenciar aquisições e também despedidas, sendo grande parte das experiências de alta ambivalência, do contrário, tomar decisões seria uma tarefa bastante fácil.

## O luto no contexto do trabalho

Há momentos em que o indivíduo pode passar por experiências de luto nas organizações, que não são os possivelmente mais abruptos, como o desemprego, a aposentadoria ou o *turn* de carreira (mudança/reorientação de carreira), como os já apontados por Dias (2018, p. 83):

- **Lutos decorrentes de mudanças estratégicas na empresa** (temas que não estão sob a gestão da pessoa). Exemplos: de empresa familiar para gestão profissional, mudança de sede (estado ou país), mudanças na direção da empresa (muda o diretor, o gerente etc.), mudança nos processos de trabalho ("sempre fiz assim"), mudanças de exigências para a função, mudanças tecnológicas, mudanças nos produtos, mudanças nas políticas internas, dentre outras.

- **Lutos decorrentes de mudanças na carreira** (passam por escolhas da pessoa). Exemplos: promoção (de funcionário para gestor – perde o papel de colega e passa a assumir papel de orientador e tomador de decisões), transferências de área, cidade ou país (nova vida, nova cultura), mudança de emprego (a pessoa se apega ao emprego anterior e fica a toda hora dizendo: "Lá a gente fazia assim").

É possível abordar o processo de enlutamento também a partir de tipos de perda: perda do gestor; de colega de equipe (demissão, promoção, recolocação, morte); do próprio emprego (demissão, aposentadoria); da idealização (do gestor, do emprego, da empresa, de si mesmo, do plano de carreira); morte do funcionário (por doença ou acidente, por suicídio); e doença (que incapacita e retira o trabalhador de sua atividade, perda de membro do corpo por acidente de trabalho). Todas essas experiências denunciam sofrimento psíquico significativo no coletivo do trabalho nas organizações.

Cabe ressaltar que o luto varia de acordo com a idade, crença religiosa, sexo, experiências anteriores de perdas e frustração e, por isso, pode variar dependendo das características do trabalhador. Demissões coletivas, em geral, podem promover alto risco à saúde física e mental.

36  A LITERATURA SOBRE LUTO

Ribeiro (2009) apontou que a Psicologia é chamada para auxiliar na reflexão teórica e técnica relativa ao desemprego por ter se institucionalizado como um fato psicossocial, já que gera um papel e uma identidade social para a pessoa em situação de desemprego, provocando impactos significativos na vida dos trabalhadores e de suas famílias, tendo, segundo o autor, as seguintes consequências: "isolamento social, transtornos identitários, ruptura de vínculos, doenças e desconstrução de projetos de vida" (p. 337). Ribeiro (2009) concluiu que é necessário constituir políticas públicas de combate ao desemprego, como também auxiliar pessoas em situação de desemprego com estratégias que visem à elaboração e implementação de um projeto de vida e de um plano de ação sociolaboral. Nessa direção, estariam então contemplados o nível pragmático e o nível da ação. Evidentemente, podemos acrescentar a esse cenário, que para a elaboração de um projeto de vida será necessário elaborar lutos relacionados às despedidas ou perdas inerentes ao processo de projetar um plano futuro e prosseguir no delinear de um caminho no mundo do trabalho, o que implica em escolhas e não escolhas.

Ribeiro (2007), anteriormente, já havia ressaltado o valor fundante do trabalho para todos os indivíduos e que a impossibilidade de laborar na construção do mundo (via trabalho) pode gerar rupturas psicossociais significativas. Realizou uma analogia entre a pessoa em situação de desemprego e a pessoa em situação psicótica. Dito de outro modo, o indivíduo que se desemprega e sofre uma modificação profunda das ocupações que exercia e o indivíduo que sofre uma ruptura de crise psicótica, esses indivíduos, em ambos os casos, sofrem uma ruptura biográfica semelhante. O autor (2007) ressalva que esse processo se dá em ambos os indivíduos, guardadas as devidas especificidades, pela: "desfiliação, pela perda de referência no mundo das significações existentes, pela construção de trajetórias descontínuas de vida e pela necessidade de (re)estruturar laços sociais num mundo que dificulta essa ação" (p. 75). Fica fácil imaginarmos que um indivíduo abruptamente retirado de um contexto de trabalho sem que tenha sofrido uma transição psíquica para novo contexto, viva um vácuo psicotizante, nessa passagem de algo que era estruturante para algo que passa a ser desagregador. Cabe mencionar que o indivíduo pode vivenciar essa ruptura com tonalidade de violência, dada a ruptura de vínculos repentina. Pode ter que se adaptar automaticamente ao novo contexto laboral, talvez até pressionado a se sentir com boa sorte, por já ter obtido novo emprego, sem o devido espaço e tempo para reconhecer e elaborar os lutos advindos dessa passagem.

A falta de espaço e recursos para a elaboração de luto não promoveria mesmo certo "enlouquecimento"? O desemprego, sobretudo abrupto, ao gerar descontinuidade biográfica no trabalho, pode fazer emergir o que Bleger (1988) denominou por parte psicótica da personalidade de um indivíduo (núcleo aglutinado no adulto/ parte da personalidade indiferenciada), ou seja, isso nos conduz a pensar que mesmo pessoas com estrutura de personalidade bastante organizada e fortalecida podem se desorganizar psiquicamente diante do impacto de um desemprego, sobretudo se abrupto e inesperado.

Durkheim (1977), ao tratar do tema do suicídio, por meio de sua obra *O suicídio*, que publicou em 1897, utilizou-se do conceito de anomia, para abordar um lapso de tempo em que o indivíduo se mantinha solto no tecido social, pois com rápidas mudanças produzidas nos padrões de convívio, os padrões anteriores de regulamentação ao indivíduo já não serviam mais e os novos ainda não estavam constituídos. Desse modo, justificou um contingente da população que estaria predisposto a compor as taxas de suicídio de cada ano, como consequência de processos de anomia. Como afirma Dias (1991, p. 27), ao tratar do pensamento de Durkheim:

> *O suicídio anômico decorre da noção de anomia criada por Durkheim para explicar e definir fenômenos que resultam das rápidas transformações das sociedades industriais, em que o desenvolvimento de certos setores como, por exemplo, o da tecnologia, dá-se de modo acelerado, enquanto se faz de forma retardada em outros. Em consequência disto, as diferentes partes do organismo social não se coadunam entre si. As regras antigas não têm mais vigência, por se apresentarem inadequadas à situação presente, e os setores novos não estão, ainda, suficientemente organizados para elaborarem novas normas adequadas.... A anomia, seria, então, este espaço intermediário onde o indivíduo permanece sem regulamentação por parte da sociedade durante certo tempo. De onde Durkheim conclui que a atividade humana não pode ser completamente livre. Na anomia, o indivíduo encontra-se desprovido de proteção e as tendências suicidas da sociedade encontram-se sem mecanismos de controle e preservação.*

Se nos inspirarmos nessa proposição de Durkheim (1977) e assim olharmos ao trabalhador contemporâneo, que é surpreendido por uma decisão da organização e perde seu emprego, até em poucos segundos e em menos de uma hora já tem seu computador bloqueado, vamos nos dar conta de que realmente pode haver uma experiência bastante enlouquecedora para o indivíduo que repentinamente perde suas referências e resta sem tempo hábil de exercer uma transição em seu plano de carreira. O indivíduo fica sem amparo e sustentação no mundo do trabalho, sem tempo mental adequado para elaborar as mudanças que o desemprego traz à sua vida global e não somente na área do trabalho. Compreende-se, então, que tanto Durkheim (1977), como Dejours (2012), revelaram a necessidade de se pensar o tema do suicídio como um tema psicossocial. Nessa direção, a organização do trabalho pode se mostrar organizadora ou desorganizadora dos laços sociais e produtivos do trabalhador, podendo até se tornar violenta. Como diz Fernandes (2014, p. 8):

> *A subjetividade está ameaçada, pois o trabalho, como organizador psíquico, social e cultural, é atacado. Os efeitos desse ataque incidem diretamente sobre o funcionamento psíquico porque a sustentação depende dos apoios representados pela organização do trabalho. Como efeito, temos a fragilidade dos vínculos, nas relações intersubjetivas, dentro e fora das empresas.*

Sabe-se que uma organização não tem o compromisso de, em todos os casos, reter o trabalhador, mas a forma como os desligamentos são realizados merece a atenção da sociedade brasileira. Como visto acima, se o trabalho opera como um organizador psíquico, não se pode demitir um trabalhador como se instantaneamente fosse descartável, sem que se cause um prejuízo à sua organização mental e mundo subjetivo. Processos de luto, inclusive, precisam ser reconhecidos.

Garantir espaço para elaboração dos lutos inerentes aos processos de mudança no mundo do trabalho previne a propagação da violência que tais vivências podem instalar. Por violência entende-se, nesse momento, o que descrevem Mendes e Araujo (2012, p. 91):

> *A violência acontece quando as relações com o trabalho são degradadas, este perde o sentido e ocorre desestabilização das relações de solidariedade; o sujeito paralisa-se*

*diante das ruínas da solidariedade, bem como da insensibilidade progressiva ao sofrimento dele mesmo e dos demais. Desse modo, a violência tem nas suas bases a solidão afetiva, o abandono, e a desolação, mobilizados nos trabalhadores pelas situações de trabalho. ... A solidão provocada pela desestruturação dos coletivos de trabalho leva ao uso de defesas, tais como práticas desleais com os colegas, condutas baseadas na filosofia "cada um por si", do "tapar os olhos", além do ativismo, que, quando usados de modo exacerbado, transformam-se em práticas articuladas a uma violência patológica. ... O assujeitamento invisível, como modo fundamental de violência, tem levado à produção de máquinas "humanas" nas organizações.*

Demissões sem investimento de cuidado com o trabalhador, como se fosse o descarte de mais uma máquina obsoleta, são ações hostis à saúde física e psíquica do trabalhador. São desumanizadoras porque não reconhecem seus processos psíquicos. Não é à toa que Enriquez (1997), já há bastante tempo, apontou que devemos nos perguntar quais são os verdadeiros desafios éticos com os quais as organizações modernas se confrontam, dado o profundo mal-estar de nossas sociedades em consequência da propagação da racionalidade instrumental (tende a fazer dos seres humanos objetos manipuláveis). Além da ética da convicção (coragem), da responsabilidade (futuro das estruturas e dos homens) e da discussão (autonomia e reconhecimento da alteridade), propôs uma quarta forma de ética: a ética da finitude. Entre os critérios para definir a ética da finitude, o autor incluiu que as condutas humanas serão definidas "por sua atitude e sua coragem de aceitar as feridas narcísicas, a finitude e a mortalidade, de se submeter ao trabalho de luto e de se confrontar continuamente com a pulsão de morte em seus aspectos auto e alter destruidores" (p. 9). Além disso, Enriquez salienta que a ética da finitude por si só já evoca o que está contido nas três primeiras formas de ética. Nessa direção, argumenta: "Para construir esse novo homem, a empresa deve se tornar cidadã, ou seja, conduzir ações que favoreçam a inscrição dos indivíduos no interior do corpo social." (p. 9). Assinalou que o homem precisa ter uma ideia de seus próprios limites e com isso já mostrava a importância de se lidar com a esfera do luto.

Faz-se necessária, portanto, a inserção do luto como um dos temas relativos às relações de trabalho, para que o trabalhador possa ser devolvido ao seu lugar humano. A fim de que o luto não se transforme em tipo complicado é necessária ação de promoção de saúde, neste momento, compreendida no sentido em que propõe Bleger (1984). Esse psicanalista argentino alertou para o fato de que o psicólogo precisa atuar com prevenção nas instituições, e antes que o indivíduo já sintomático necessite do ambiente clínico dos consultórios e das psicoterapias. Denominou essa abordagem de psico-higiene.

Também ao encontro a essa perspectiva, é importante considerar que algumas profissões que lidam diretamente com a morte e o sofrimento dela decorrente oferecem pouco espaço para a expressão do luto, pois ele pode ser compreendido como falta de competência e profissionalismo, como no caso de bombeiros, policiais, profissionais da saúde, sepultadores, agentes funerários, entre outros. Chorar no universo de uma organização pode ser concebido como um sinal de fraqueza e de inadequação social, o que pressiona o indivíduo enlutado ao isolamento e, quem sabe, a um luto complicado, já que um luto não reconhecido provoca maior vulnerabilidade ao indivíduo enlutado, gerando ansiedade e tensão.

Os trabalhos, até agora mencionados, enfatizam a necessidade de uma frente de atuação em escolas e instituições de saúde, contudo, é mais raro encontrar estudos voltados ao tema da morte, perda e luto no mundo corporativo. Assim, a literatura brasileira tratou muito pouco de temas que abordam o luto nas organizações, como o enlutamento decorrente de perda(s) no contexto do trabalho. Há obras de autores brasileiros que tratam de transição/de mudança de carreira, mas que não consideram o tema do enlutamento, pelo menos não no modo como a psicologia e a psicanálise vêm tratando do assunto, conforme aponta a revisão de literatura sobre a temática realizada por Rizzatti, Sacramento, Valmorbida, Mayer e Oliveira (2018). Constata-se, com isso, que a literatura que trata de transição de carreira ou de mudanças na organização, em geral, não trata do processo de luto. Vejamos alguns exemplos.

Robbins (2009) focaliza o indivíduo na organização, ressaltando que a compreensão do comportamento individual pela psicologia remete a quatro conceitos principais: valores, atitudes, percepção e aprendizagem. Esse autor trata da mudança organizacional e desenvolvimento, abordando a mudança nos seus diferentes aspectos: suas forças, seus agentes, as visões sobre a mudança, resistência individual e organizacional diante dela, sua superação como administrá-la por meio do desenvolvimento organizacional (treinamento de sensibilidade, levantamento de *feedback*, consultoria de processo, construção de equipes, desenvolvimento intergrupal, investigação apreciativa). O autor não fala em enlutamento e sim em medo do desconhecido. Para ele, as fontes de resistência à mudança residem nas características humanas básicas, como percepção, personalidades e necessidades, apresentando os seguintes motivos pelos quais as pessoas resistem à mudança: hábito, segurança, fatores econômicos, medo do desconhecido e processamento seletivo de informações.

Dutra (2002) discute o papel do indivíduo e da organização no processo de planejamento de carreira, sem tratar de aspectos de luto nas transições – ressalta as responsabilidades mútuas. Cortella (2010) fala em tensão da mudança, dizendo que toda pessoa que precisa mudar corre um risco, que corresponde a um desequilíbrio momentâneo. Magalhães (2006), conferencista, consultora e colunista, autora do livro *Mensageiro do vento – uma viagem pela mudança*, divide o conteúdo de seu livro em partes, como avisa na apresentação da obra: A hora de acordar; Vendo de outra perspectiva; Olhando ao redor; Em contato com outras mentes; Em contato consigo mesmo; Em contato com o sucesso; Gerando uma nova organização; Indo além por meio da educação; Palavras para acalentar a alma; O final de um ciclo. Embora mencione desconfortos advindos da experiência da mudança, o livro não aborda o tema do enlutamento.

Gaudêncio (2009) aponta as etapas de um trabalho de transformação na empresa sugerindo que o indivíduo comece a modificação por ele mesmo, tornando-se um líder da mudança, sabendo o que quer e tendo um sonho, querendo o que sabe que quer, ouvindo, delegando, dando *feedback*, reconhecendo, gerando comprometimento, demonstrando integridade. Desse modo, o texto aborda muito mais como gerar mudanças, do que a possível sensação de pesar diante delas. O médico psiquiatra, que atua em empresas, propõe uma terapia focal breve em que trabalha a mudança de valores realizada por meio do papel profissional. Gaudêncio (2009, p. 21) acredita "que não adianta a pessoa saber o que deve fazer se não estiver emocionalmente capacitada para fazê-lo" e, por isso, volta sua atenção para o amadurecimento emocional necessário a essa capacitação. Em *Men at work* (2004, p. 101) focaliza emoções, por exemplo, o medo, comparando-o como o "sal da vida", ou seja, como elemento indispensável na dieta existencial do ser humano (fonte de estímulo e indicador para agir). Em *Mudar e Vencer*, Gaudêncio

(2007, p. 25) afirma que "o ser humano fala o que pensa e age de acordo com o que sente".

É possível ler trabalhos na área da representação sobre a morte, como o de Koury (2003), que buscou compreender como o brasileiro urbano expressa o sentimento de luto e identifica mudanças e permanências nos costumes e rituais da morte e do morrer. Em suas palavras:

> *Como foi internalizado o significado social do sofrimento, enquanto processo simbólico, no imaginário brasileiro e por quais mudanças e que reações tem passado o fenômeno do sofrimento causado pelo luto, junto aos homens comuns das camadas que compõem a classe média urbana (2003, p. 7).*

Koury (2003, pp. 7-8) concluiu haver um distanciamento em relação ao morto, o qual funciona por outros códigos, que não os de uma sociedade relacional. Apontou fatores relacionados à solidão individual, já que sua manifestação pública "vem se tornando estranha ao cotidiano do homem comum"; tratou da morte associada à ideia de fracasso e da desilusão do sujeito "no ritual introspectivo de sua dor"; apontou uma "fragmentação de sentimentos coletivos" que se expressam "numa espécie de receio social de contaminação (Elias, 1989 apud Koury, 2003) e na vergonha de sentir-se enlutado"; e focalizou o "ritual solitário" do sofrimento e o ritual social da despedida "se entrecruzando em gestos, expressões e atitudes, em constantes movimentos de mudança e permanência".

Em buscas online foi possível identificar matérias sobre o luto em jornais e revistas brasileiras. Há ainda diversas abordagens do tema do luto no mundo corporativo em matérias publicadas em revistas na língua inglesa. Contudo, essas matérias tendem também a focalizar o luto decorrente de perda individual de ente querido, em geral, um familiar, e como um trabalhador pode ser auxiliado no ambiente de trabalho. Vejamos dois exemplos, em que o foco não está no lidar com alguém enlutado no ambiente de trabalho, decorrente de perda por morte de ente querido externo ao ambiente de trabalho, mas no luto que se desenrola em função da perda de trabalhador da equipe de trabalho ou decorrente de processos organizacionais.

Na revista Fortune, Erica Galos Alioto (2015) fala sobre como dar conta de lidar com o luto pela perda de um colega de trabalho e relata a experiência de terem chamado a família de dois funcionários falecidos ao mesmo tempo, para uma conversa com os colegas de trabalho deles, no escritório da empresa, o que trouxe a essas famílias a noção de como os dois eram queridos nesse ambiente de trabalho. Aponta a importância de se dar um lugar ao luto; de entrar em contato com a família do indivíduo falecido; de não julgar a reação dos demais; e de não ter medo de viver o luto ao lado de seus funcionários.

Beth Killough Anstandic (2018), em artigo em um *blog* do qual é cofundadora – *The circle up experience* –, cujo objetivo é auxiliar organizações a desenvolver liderança natural, tratou do tema do luto dentro do trabalho em setor corporativo. Killough acredita que independentemente da indústria ou cargo, o luto no local de trabalho é uma epidemia e que há um véu de sigilo e silêncio em torno das maneiras pelas quais as práticas corporativas abusam e negligenciam o lidar com essa experiência. Aponta que departamentos se reorganizam, posições desaparecem ou são redefinidas, que ocorrem demissões em massa e transições de liderança radicais. Killough salienta que não há realmente nada de errado com isso, mas sim no fato de que, por muito tempo, o impacto que essas mudanças têm sobre os indivíduos e grupos foi subestimado, e que é necessário que se faça algo para apoiar as pessoas no percurso das mudanças. Observou como as pessoas se arrastavam em razão de mudanças e perdas em seus trabalhos, com absolutamente nenhum apoio oferecido. Killough incluiu em seu artigo, o depoimento de um trabalhador, o qual transcrevemos a seguir um trecho:

> *Não há espaço para isso no mundo corporativo. Talvez você não possa trazer seu eu completo, ou ser tratado como um ser humano completo, no trabalho corporativo. Este lugar, onde você passa metade das suas horas de vigília, ignora o sofrimento como se fosse um segredo sujo.*

Para fazer melhor e atender aos seres humanos que estão sofrendo e ajudá-los, adotando mudanças, mas oferecendo fontes de estabilidade para que as pessoas possam lidar com elas, Killough faz algumas sugestões: reconhecer a perda; falar sobre os sentimentos associados a ela e à dor, proporcionando oportunidades para as pessoas se reunirem para uma conversa honesta; dar suporte à incerteza, procurando por elementos de estabilidade e rotina, enquanto um grupo se move por meio da mudança; praticar a paciência, desacelerando e criando mais espaço para sentimentos; procurar conhecer realmente as pessoas com quem se trabalha para construir e moldar ativamente os relacionamentos, colocando-os em primeiro lugar; e levar a sério sinais, sintomas e o estresse, buscando caminhar em direção a conversas e soluções. Desse modo, a autora considera ser possível fazer escolhas mais centradas no ser humano no local de trabalho.

Pesquisas brasileiras também tendem a priorizar o luto no trabalho, mas decorrente de perda de ente querido externo ao ambiente de trabalho. Marras (2016), por exemplo, em seu mestrado concluído no Departamento de Psicologia Clínica na PUC-SP, investigou as vivências do luto no ambiente de trabalho por profissionais da região metropolitana de São Paulo. Abordou o luto, porém, vivido pela perda de uma pessoa significativa, de um ente querido, e sua repercussão, por meio da avaliação de sintomas e reações esperadas no ambiente de trabalho. O foco de sua pesquisa permaneceu no luto individual de pessoas que perderam ente querido e seu estilo comportamental apresentado no trabalho. Marras (2016) utilizou o método de pesquisa mista, com análise quantitativa e qualitativa. Participaram da pesquisa, por meio de questionário online, 34 enlutados residentes na região metropolitana de São Paulo que trabalhavam no momento da perda. Os dados dos sintomas e reações foram divididos em categorias e classificados segundo seus efeitos no desempenho profissional. Entre as conclusões dessa pesquisa está o fato de que o enlutado, ao se referir à experiência do luto no trabalho, relata dificuldade de estar presente, adoecimento físico advindo da perda, descontrole emocional e perdas secundárias.

É possível encontrar vários artigos online que abordam o tema do luto sem estender a análise para o âmbito do trabalho. Constata-se, então, que há uma carência de pesquisadores brasileiros que tratem do tema do luto na organização, decorrente de processos de trabalho no percurso da carreira, embora haja um reconhecimento por parte de profissionais atuantes de que lidar com o luto é necessário. Essa premência fica até mais exposta, quando se trata de alguma catástrofe pública que evidencia perda e luto por parte de uma rede ampliada. Isso aconteceu, por exemplo, quando, em 29 de novembro de 2016, o voo que levava a equipe de futebol brasileira chapecoense e jornalistas para Medellín terminou em tragédia resultante da queda do avião. De imediato, é possível identificar a dor das famílias e dos amigos, mas devemos também reconhecer o luto nas empresas relacionadas a essas pessoas falecidas no acidente aéreo. É preciso também considerar, portanto, o luto dos colegas de trabalho dos trabalhadores falecidos. Por esses e outros motivos, cabe estimular um maior número de pesquisas acadêmicas voltadas ao tema do enlutamento no trabalho.

Internacionalmente, o tema do luto nas organizações aparece focalizado de algum modo nos momentos de transição de carreira (Hennekam & Bennett, 2016; Hoyer & Steyaert, 2015; Maglio, Butterfield & Borgen, 2005; Meijers, 2002), em mudanças organizacionais (Kahn, 2018; Pollock, 1977; Zell, 2003), em dificuldades de gestão e liderança (Lapierre, 1989), e nos processos de flexibilização do trabalho (Hall & Moss, 1998).

Assim, pode-se dizer que o enlutamento nas organizações é um fenômeno presente e ao mesmo tempo, pouco estudado no campo do trabalho, o que justificou a realização do presente estudo.

# 2. Sobre o foco desta pesquisa: o luto nas organizações

Vimos que a morte na nossa sociedade ocidental ainda é vivenciada como tema tabu, apesar das iniciativas de sua inserção na comunicação entre pessoas e profissionais. O ambiente corporativo é competitivo e não estimula a expressão de dor ou fragilidade. Talvez, por isso, a vivência do enlutamento venha sendo experimentada em silêncio, sendo ligeiramente partilhada em programas de transição ou planejamento de carreira, em que algumas emoções relativas ao processo de mudança podem ser brevemente olhadas, se identificadas. No mundo do trabalho contemporâneo, expressar aflições ou dores pode comprometer a permanência no emprego, em um contexto cada vez mais exigente, em que um trabalhador é convidado a produzir de modo acelerado e ambicioso. Quando o trabalhador pode se engajar em programas personalizados de *coaching* ou orientação de carreira, muitas vezes é nesse contexto que encontra algum *holding* para a expressão de suas dores ocupacionais e aflições existenciais, mas essa oportunidade é para poucos, pois implica em custo financeiro.

A dificuldade mencionada anteriormente, e muitos outros motivos, conduziram à decisão por esta pesquisa cujo intuito é buscar conhecer esse fenômeno do enlutamento decorrente da inserção no trabalho, em organizações paulistanas, utilizando-se principalmente da Psicanálise. Este trabalho busca investigar o modo como gestores e trabalhadores de organizações situadas na cidade de São Paulo concebem o que é luto e se enxergam em experiências relacionadas ao processo de enlutamento; como esta experiência é vivida pelo trabalhador no coletivo do trabalho; e qual é a natureza do sofrimento psíquico a ela associada. Por meio de conceitos da Psicologia, da Psicologia do Trabalho, da Psicanálise e da Psicodinâmica do Trabalho (Dejours, 1994), busca-se, então, compreender o fenômeno da vivência do luto no contexto do trabalho, tendo por via o acesso aos trabalhadores de organizações paulistanas. É nessa linha teórica que este trabalho se orienta, buscando acesso ao mundo subjetivo de gestores e funcionários em torno da experiência do luto, por meio da escuta de vivências relacionadas à perda ao vínculo com o trabalho.

É, ainda, investigado se as experiências relatadas permitem encontrar elementos recorrentes, por exemplo, se o processo de elaboração de luto implica na passagem por fases. Em relação ao mundo corporativo, foi possível encontrar alguns textos de autores que propõem a passagem por etapas em momentos de mudança, mas que não tratam diretamente do processo de luto.

O docente Paulo Campos, em matéria à revista Exame, no *post* de 4 de janeiro de 2011, falou sobre os conceitos de mudança e o ciclo de transição. Segundo ele, a negação é a primeira fase, em que os primeiros sinais de mudança acontecem quando o indivíduo procura preservar o sucesso e o conforto do passado. Segundo Campos, seguem-se as fases de resistência, exploração e comprometimento, e nesta última, ocorre a aceitação da mudança.

Já Leonardo Siqueira Borges (2014) toma Kübler-Ross por referência, defendendo que a resistência ao novo é uma realidade que passa por todos e aponta os estágios desta resistência: imobilização, negação, raiva, barganha, depressão, teste, aceitação. Cabe ressaltar que esses autores não falam em luto, apesar de tratarem do processo de mudança.

Alguns estudos de autores estrangeiros abordam o tema do luto, mas sem trazer o exato foco deste trabalho. Vejamos alguns exemplos: John Archer e Valerie Rhodes (1993) investigaram o luto por ocasião da perda do emprego; Mary Tehan (2007), no contexto do luto no local de trabalho, pesquisou elementos que constituem um empregador compassivo e como este aspecto no exercício da liderança pode ser promovido por intermédio de uma "escuta vital"; Linda Machin (1998) investigou o aconselhamento no processo de luto, em uma variedade de contextos profissionais e voluntários, por meio da análise da experiência de 24 estudantes (de 21 a 70 anos).

Jim Davis (1998) se utilizou dos estágios propostos por Kübler-Ross para pensar o processo de luto pela perda de emprego, atribuindo-os a uma fase "pré-terminal" (*pre-termination phase*): 1. Negação: quando o indivíduo recebe a comunicação de desligamento do emprego e resiste a acreditar no ocorrido; 2. Raiva: quando se dá conta de que realmente perdeu seu emprego; 3. Barganha: alguns pedem a Deus que intervenha na empresa a seu favor ou que lhe traga um novo emprego; 4. Depressão: quando fica óbvio que o desemprego é inevitável; e 5. Aceitação: com a percepção de que o sucesso depende de atitude positiva para manter-se tentando, explorando alternativas e construindo redes. Em fase posterior, terminal (*terminated phase*), Davis ainda indica outras quatro fases: 1. Entorpecimento (*Numbness*); 2. Saudade (*Yearning*); 3. Desorganização e desespero (*Disorganization and Dispair*); e 4. Reorganização do comportamento (*Reorganization of Behavior*).

Este trabalho, portanto, pretende também compreender qual é a natureza do processo de enlutamento no espaço do trabalho corporativo, na cidade de São Paulo, e se ele obedece a certos estágios sucessivos de elaboração do luto diante de uma transição ou perda significativa ao gestor ou trabalhador, bem como delinear alternativas de cuidado com o trabalhador que se encontra em processo de luto e provável sofrimento psíquico.

A Psicanálise tornou-se importante para viabilizar o alcance das metas neste trabalho por fornecer os caminhos da escuta da fala do trabalhador. É importante lembrar que o escutar psicanalítico é um processo diferente do de ouvir, já que se pretende analisar o conteúdo subjacente, implícito, inconsciente da fala de nossos entrevistados.

O pensamento de Dejours (1987, 1994, 2012) foi escolhido também para orientar esse trabalho. Trata-se de um grande estudioso do sofrimento psíquico no trabalho, desde os anos 1990, na França, tendo influenciado a trajetória brasileira de muitos outros estudiosos do mundo do trabalho, na última década. Nas palavras de Mendes e Araujo (2012, pp. 21-22):

> *Conhecer a organização do trabalho é fundamental para acessar as vivências de prazer e de sofrimento, os processos de subjetivação, as patologias e a saúde-adoecimento. . . . É central para o clínico a análise de como se produzem as subjetividades no contexto de trabalho. Para isso, é criado um contexto diferenciado, que propicia uma relação entre a expressão do trabalhador por meio da fala e a escuta clínica, fundamentada em um tripé, envolvendo o conhecimento teórico metodológico, a conduta clínica e a qualificação profissional e pessoal. . . . A clínica, então, promove o lugar da autonomia, criação*

*e negociação: construção de estratégias saudáveis para mediar o sofrimento, ressignificá-lo e transformá-lo em vivência de prazer.*

As autoras apontam que a pesquisa e ação clínica preconizadas por Dejours têm caráter emancipatório e compromisso com as transformações da organização do trabalho, por meio de processo de elaboração-perlaboração coletivo, possibilitando a passagem do espaço de discussão para o espaço de deliberação. A perlaboração corresponde ao trabalho psíquico que permite ao indivíduo aceitar certos elementos recalcados e libertar-se da influência da repetição (Laplanche & Pontalis, 2001).[1]

A clínica psicodinâmica do trabalho associada à Psicanálise mostra-se útil, portanto, para auxiliar na compreensão dos processos de luto vividos no espaço psicossocial das organizações. A Psicanálise busca identificar e lidar com o conteúdo subliminar, latente, inconsciente ao sujeito da experiência e da fala e promover elaboração psíquica. Pode-se já dizer que a não elaboração do luto, portanto, contribui para a precarização do trabalho e prejudica a saúde mental do trabalhador. Corre-se o risco de o sofrimento transformar-se em patologia. O trabalho de investigação e reflexão sobre processos de luto no trabalho que foi proposto, nesse momento, almeja ter caráter preventivo.

---

1 Nesta 4ª edição, na p. 429, consta o seguinte: "Processo pelo qual a análise integra uma interpretação e supera as resistências que suscita. Tratar-se-ia de uma espécie de trabalho psíquico que permite ao indivíduo aceitar certos elementos recalcados e libertar-se da influência dos mecanismos repetitivos. A perlaboração é constante no tratamento, mas atua mais particularmente em certas fases em que o tratamento parece estagnar e em que persiste uma resistência, ainda que interpretada. Correlativamente, do ponto de vista técnico, a perlaboração é favorecida por interpretações do analista que consistem designadamente em mostrar como as significações em causa se vão reencontrar em contextos diversos".

54    SOBRE O FOCO DESTA PESQUISA

Nesse contexto, buscou-se favorecer o entendimento de processos que possam auxiliar na substituição do sofrimento patogênico pelo sofrimento criativo[2], da competição ou isolamento pela cooperação coletiva, em um viver junto com maturidade, como propõe a abordagem dejouriana. Ainda nas palavras de Mendes e Araujo (2012, p. 35):

> *Por fim, trabalhar é viver junto. O trabalho é social por si só. As marcas de individualização que resultam dos modos de organização do trabalho hoje podem conduzir a um isolamento em vez de promover o espaço coletivo da fala, fundamental para a constituição do sujeito. O trabalho torna-se o viver em uma ilha, e o trabalhador torna-se um náufrago, que muitas vezes não tem recursos para providenciar o próprio resgate. É nesse contexto que a clínica psicodinâmica pode trazer sua contribuição como possibilidade de recriar uma nova organização de trabalho, novas regras do fazer e do viver junto. Para tanto, é preciso conhecer, desconstruir e reconstruir o sistema defensivo do coletivo.*

Nesse contexto, a importância da abordagem dos processos de luto nas relações de trabalho necessita ser reconhecida como um processo que tem seu valor ao indivíduo e à organização do

---

2 Mendes e Araujo (2010, p. 102) definem o sofrimento criativo do seguinte modo: "Isso posto, conclui-se que o sofrimento tolerado e suportado é o criativo, que é experimentado quando a organização do trabalho oferece espaço para uso da inteligência prática, para a construção do coletivo de trabalho e para o reconhecimento. Quando não é possível a mobilização dessas dimensões, o sofrimento criativo se transforma em sofrimento patogênico, que traz como consequências patologias como a violência e seus desdobramentos em assédio moral e até em suicídio".

trabalho. A ideologia da excelência, as avaliações individualizadas, a robotização e, sobretudo, a competição, desfavorecem expressões de tristeza e luto. Nessa direção, a clínica dejouriana 2009 objetiva o resgate do sentido do trabalho para o sujeito ao reconstruir a história do adoecimento e/ou da violência sofrida.

Eugène Enriquez (2014) tratou dos temas do imaginário social, recalque e repressão nas organizações, salientando a organização empresarial como um lugar privilegiado dos jogos de poder e de desejo. O autor acredita que em uma organização, por meio de uma armadilha de um jogo social, ocorre uma luta pelo reconhecimento. Pode ser provável que na expressão desse desejo por reconhecimento, não caiba a expressão de estado de enlutamento, já que o trabalhador poderia ser percebido como frágil e vulnerável. Na sociedade brasileira contemporânea, o trabalhador não pode falhar. A fala abaixo de Enriquez (2014, p. 61) vai de encontro a isso:

> As organizações sociais instalam os indivíduos diretamente no centro da problemática da busca da identidade e da afirmação de uma unidade compacta e sem falha e do temor da fragmentação, ou seja, no próprio coração do imaginário.
>
> Na verdade, toda organização se apresenta como um lugar onde cada um tentará realizar seus projetos, desejos e imperativamente como o único lugar onde essa tentativa pode ter lugar. Os homens só podem existir, psicológica e socialmente, inseridos em organizações nas quais lhe é assinalado certo papel e certo status, mais ou menos fortemente formalizado (seja essa organização a família, o exército, a escola, a empresa, a associação de amigos). Desde seu nascimento, o indivíduo é envolvido pela organização e pelas normas instituídas, e deve, por

*seus atos e seu trabalho, encontrar um lugar que os outros lhe outorgarão. (grifo do autor)*

Para vivenciar e compartilhar a experiência de um luto são necessários ambiente e vínculos acolhedores, o que parece raro, na organização empresarial descrita por Enriquez (2014). Se o lugar encontrado é outorgado por um outro, não parece haver espaço para expressões genuínas.

Pagés et al. (1993) pesquisaram o poder nas organizações, apontando que o trabalhador ambiciona ser reconhecido como mais qualificado que os demais. Quer ter sucesso profissional e, frequentemente, almeja ter poder de dominar outras pessoas, o que é deliberadamente utilizado pela organização para instaurar uma efetiva dominação sobre o coletivo de trabalhadores. Nesse contexto, o indivíduo acaba por sacrificar sua independência, seus valores, sua ideologia e sua autoestima para poder dominar outros indivíduos. Com certeza, essa condição não favorece espaços de cooperação, o que irá prejudicar o compartir experiência de enlutamento.

## Justificativa

Embora o fenômeno do enlutamento tenha sido largamente focalizado na área psicológica, ele não vem recebendo suficiente atenção na literatura brasileira, que se volta ao estudo do mundo organizacional, em particular, quando trata da transição e de mudanças na carreira, pelo menos nessa ótica conceitual. É importante, então, produzir conhecimento nesse campo ainda em desenvolvimento.

Existem pesquisas desenvolvidas no Departamento de Psicologia Social e do Trabalho da Universidade de São Paulo que se apoiaram nas contribuições oferecidas pelo corpo teórico da escola dejouriana à análise da relação prazer, sofrimento e trabalho. Kindi (2013), por exemplo, buscou compreender a forma como o trabalho tem se organizado na contemporaneidade em termos de subjetividade e psicopatologia. Em dois estudos de casos, realizados com trabalhadores de grandes corporações inseridas na economia da acumulação flexível, entre outros fatores, encontrou duas experiências distintas: em uma, o sujeito sofria com sua situação de trabalho, questionava as condições em que ela ocorria, resultando em sua saída do ambiente corporativo; na outra, o sujeito vivenciava de maneira positiva sua situação de trabalho, buscava estratégias de adaptação a essa condição e parecia realizar-se com o trabalho desenvolvido em uma corporação. A pesquisadora concluiu que os impactos e sentidos dessas experiências vivenciadas em tempos de capitalismo flexível são contraditórias e plurais.

O pensamento de Dejours (1987, 1994, 2012) inspirou muitos trabalhos, inicialmente voltados aos temas da ergonomia, aspectos fisiológicos do trabalhador, estudos psicossomáticos psicanalíticos e, posteriormente, a aspectos relacionados à subjetividade do trabalhador, por exemplo, quando tratou do tema do suicídio. Cabe, nesse momento, porém, abrirmos uma nova frente de investigação que pesquise a vivência de luto no âmbito do trabalho.

Viu-se ser provável que o modo como o trabalho se organiza, nas empresas paulistanas, contemporaneamente, não instale um terreno favorável à elaboração de lutos, criando uma atmosfera propícia a processos de luto complicados ou negados. Nesse contexto, parece exigir-se que o trabalhador faça uma adaptação automática, sem que expresse importantes demandas, mal tendo espaço para realizar despedidas, sobretudo quando as mudanças geradas trazem algum tipo de ascensão ou melhoria, como é o caso de uma promoção e/ou aumento salarial obtido(s). Nos casos de prejuízos, por exemplo, como a experiência de uma demissão inesperada, o trabalhador, em geral, é desligado abruptamente. Pode retornar no dia seguinte para pegar seus pertences pessoais (se é que não teve que retirá-los de imediato) e já se encontra sem acesso ao computador de sua empresa, mesmo que nele tivessem arquivos pessoais importantes ou do seu período de atividade profissional na empresa que desejasse reter consigo. Crachá, uniforme, cartão de estacionamento e tudo o que o identifica à empresa, frequentemente, tem sua requisição efetuada, quase que instantaneamente. Essa situação é muito mais agravada quando se trata de profissionais que permaneceram na empresa muitos anos e cujo sobrenome quase que se mistura a ela. Talvez por anos o trabalhador tenha respondido ao questionamento da telefonista: "X, de onde?". Resposta: "Da empresa Z".

É de suma importância, então, que os fenômenos relacionados ao processo de luto no trabalho ganhem espaço de pesquisa, uma vez que são geradores de desestabilização e sofrimento, que pode ser intenso, nas variadas passagens e transições no percurso de carreira do trabalhador. Partimos da premissa, nesta pesquisa, que a falta de espaço para a vivência do luto no trabalho propicia adoecimento físico e psíquico. Nas palavras de Nogueira, Alves e Stuckus (2014, p. 208): "Ressaltamos que o reconhecimento das perdas e do processo de luto no ambiente de trabalho é fundamental, tanto por uma questão de saúde, quanto de qualidade de vida para as pessoas que fazem parte do meio ocupacional".

Experiência subjetiva e sofrimento no mundo do trabalho, relacionados ao tema do enlutamento decorrente de experiências tidas na trajetória de vida do trabalhador, são assuntos, portanto, que merecem ser acolhidos pela Psicologia Social e do Trabalho no mundo contemporâneo. Acreditamos que quando se conhece a natureza da experiência em processo, abrem-se possibilidades de cuidado e auxílio ao trabalhador. Esta pesquisa procurou atender a essa perspectiva de investigação, elaborando propostas de cuidado e intervenção no processo de luto presente nas relações de trabalho, sendo um estudo de relevância social.

Vimos que o luto no trabalho vem recebendo pouca atenção dos pesquisadores, na sociedade brasileira. É premente conhecer a realidade do luto existente na experiência do trabalhador e de seu coletivo de trabalho para que ações de promoção de saúde e de prevenção do luto complicado sejam delineadas. Trata-se, ainda, de tema relacionado à saúde ocupacional e à qualidade de vida no trabalho.

## Objetivos

### Objetivo geral

Compreender como gestores e trabalhadores, pertencentes ao mundo organizacional da cidade de São Paulo, vivenciam o processo de luto decorrente de mudanças e/ou perdas vivenciadas nas relações de trabalho.

### Objetivos específicos

- Conhecer como o gestor e o trabalhador de organizações paulistanas vivenciam experiências de enlutamento decorrentes de perda(s) e/ou mudança(s) no trabalho.

- Identificar os tipos de experiências atribuídas à categoria de perdas e luto na população estudada.

- Investigar a duração e as etapas vivenciadas no processo de luto por esses trabalhadores, comparando os relatos obtidos em entrevistas, com as etapas apresentadas por três principais teóricos do fenômeno do luto: Elizabeth Kübler-Ross

(1977), John Bowlby (1985, 1998, 2004) e Colin Murray Parkes (1998, 2002, 2009).

- Identificar necessidades do(a) trabalhador(a) e/ou de seu coletivo de trabalho que facilitem a elaboração do luto vivido diante de uma perda no contexto do trabalho.

- Sugerir propostas para gerar um espaço de escuta do sofrimento no trabalho relacionado ao enlutamento por perda(s) vivida(s) no contexto laboral, para transformar a organização do trabalho e subsidiar políticas de gestão e de prevenção da saúde mental do trabalhador.

## Metodologia

Foi utilizada a modalidade de pesquisa qualitativa, uma vez que ela permite maior acesso à investigação do mundo subjetivo dos sujeitos em foco neste trabalho. A pesquisa de caráter qualitativo correspondeu a estudo de casos, objetivando a busca por uma ampliação, no sentido de alçar voos que permitissem compreender questões mais amplas relacionadas ao coletivo do trabalho das organizações em que os indivíduos entrevistados estão inseridos. Apreende-se, então, que se teremos gestores e trabalhadores entrevistados, que teremos ainda informações sobre a cultura organizacional e seus processos, nos quais os indivíduos entrevistados estão ou estiveram inseridos. Assim, esta pesquisa busca o levantamento de informações e indagações acerca do fenômeno do enlutamento no trabalho, visto como uma experiência que se dá no âmbito psicossocial.

Como apontou Kindi (2013, p. 84):

> *O estudo de caso pode ser definido como um estudo intensivo de uma situação exemplar, buscando o levantamento*

*de informações e indagações acerca de um fenômeno psicossocial e a análise de conteúdos emergentes que possam ser indicativos das percepções e vivências de sujeitos sobre as experiências de trabalho.*

O procedimento de estudo de caso a ser realizado com a amostra de indivíduos selecionada para essa nossa pesquisa mostrou-se útil, portanto, para que se pudesse conhecer a realidade a ser investigada, que corresponde a processos de enlutamento presentes no mundo do trabalho e suas vicissitudes.

Trata-se de uma pesquisa qualitativa com estudo de múltiplos casos. Gustafsson (2017) aponta que os estudos de caso podem ser únicos ou múltiplos em pesquisa. Para essa autora, a quantidade de casos depende do contexto, do quanto ele é conhecido e do quanto mais novas informações são trazidas pelos casos.

*O método do estudo de caso explora um sistema contemporâneo da vida real (um caso) ou sistemas múltiplos delimitados (casos) ao longo do tempo, através de uma coleta de dados detalhada e aprofundada, envolvendo múltiplas fontes de informação... e relata uma descrição de caso e temas de caso (Creswell, 2013 apud Gustafsson, 2017, p. 7 – tradução nossa).*

O referencial teórico utilizado provém da Psicologia, Psicologia Social do Trabalho, Psicanálise e da Psicodinâmica do Trabalho, como mencionamos anteriormente. Foram realizadas pesquisas bibliográficas e entrevistas semidirigidas. Foi realizada uma análise do conteúdo contido na fala dos gestores e trabalhadores entrevistados, tendo por base a escuta psicanalítica e os preceitos da Psicodinâmica do Trabalho da escola dejouriana. Cabe destacar o que Bardin (1978, p. 9) salientou:

> *Enquanto esforço de interpretação, a análise de conteúdo oscila entre os dois pólos do rigor da objetividade e da fecundidade da subjetividade. Absolve e calciona o investigador por esta atração pelo escondido, o latente, o não aparente, o potencial de inédito (do não-dito), retido por qualquer mensagem.*

Considerou-se, ainda, que para a abordagem do tema proposto neste estudo – investigar como o(a) trabalhador(a) de organizações alocadas na cidade de São Paulo vivem processos de enlutamento no trabalho –, foi necessária a pesquisa bibliográfica em outros campos do conhecimento que fazem interface com a Psicologia Social do Trabalho. Nessa linha de raciocínio, Ribeiro (2013, pp. 1271-1272) assinalou:

> *Em sintonia com as reflexões e as propostas de Blanch (2007), Peralta (2009), Pulido-Martinez (2007, 2009) e Schvarstein (1991), a psicologia social do trabalho tem como ponto de partida a psicologia social e concebe seu campo de estudos e intervenção, formado pelo mundo do trabalho e pelos fenômenos psicossociais do trabalho e das organizações, de forma interdisciplinar e com aproximações à psicologia política, comunitária e da saúde, e interfaces com as ciências sociais e humanas. Busca compreender e intervir nas estruturas e nos processos organizativos, bem como nas relações psicossociais entre as pessoas e o mundo do trabalho, de maneira coletivamente*

*construída e em constante diálogo com os fenômenos e as pessoas estudadas. Interessa-se pela compreensão de fenômenos como subjetividade, identidade e interação social e, em síntese, tem seu foco no fazer humano com a dualidade ontológica que ele carrega, ou seja, de gerar, ao mesmo tempo, realização e emancipação, de um lado, e sofrimento, alienação e adoecimento do outro.*

Tendo em conta o que se apontou ao lado da literatura acadêmica relacionada à Psicologia Social do Trabalho e à Psicodinâmica do Trabalho, outras fontes bibliográficas foram utilizadas, por exemplo, na interdisciplinaridade com a Psicologia Clínica, a Clínica do Trabalho e a Psicanálise, como é o caso, da abordagem do conceito, dos tipos e das fases do luto, por meio das obras de estudiosos desse campo do conhecimento (Bowlby, 1985, 1998, 2004; Kübler-Ross, 1977; Parkes, 1998, 2002, 2009).

## Participantes desta pesquisa

O conjunto de participantes estudados foi composto por 6 gestores e 6 trabalhadores de empresas, entre 34 e 53 anos de idade, que residem e trabalham na cidade de São Paulo. Entende-se, nesse momento, por gestor, o trabalhador que faz a gestão de um segmento de trabalho na organização, tendo uma equipe de trabalhadores sob sua supervisão e responsabilidade e por trabalhador chama-se, neste contexto, o indivíduo liderado por uma chefia de setor de atividade na organização. Foram realizadas duas entrevistas em uma empresa multinacional; duas entrevistas em uma empresa familiar; e duas entrevistas em uma empresa brasileira. Foram também pensadas algumas questões trazidas por dois entrevistados de uma empresa familiar, que fica nas proximidades da cidade de São Paulo – Várzea Paulista. Embora esta empresa estivesse situada a 60,7 km da cidade de São Paulo – Aglomeração urbana de Jundiaí –, foram realizadas duas entrevistas de modo piloto, dado que surgiu a oportunidade para treino inicial. Essa experiência trouxe elementos próximos do que foi encontrado na cidade de São Paulo, localidade do foco deste estudo. Por meio dela foi possível melhor ajustar os critérios estabelecidos para as entrevistas semidirigidas que seriam realizadas.

Este projeto de pesquisa foi submetido à avaliação do Comitê de Ética da USP – Escola de Artes, Ciências e Humanidades da Universidade de São Paulo (EACH/USP) por envolver pesquisa com seres humanos (protocolo exigido pela Resolução CNS 466/2012 e pela Resolução CNS 510/2016 que versa sobre pesquisas na área de Ciências Humanas e Sociais). A sua aprovação foi obtida em 19 de agosto de 2019. Número do Parecer: 3.517.533. Número CAAE: 17832819.5.0000.5390.

### Instrumento: entrevista semidirigida

Entende-se, nesta pesquisa, a entrevista semidirigida ou semiestruturada como foi definida por Tavares (2003, p. 49):

> *As entrevistas semiestruturadas são assim denominadas porque o entrevistador tem clareza de seus objetivos, de que tipo de informação é necessária para atingi-los, de como essa informação deve ser obtida (perguntas sugeridas ou padronizadas), quando ou em que sequência, em que condições deve ser investigada (relevância) e como deve ser considerada (utilização de critérios*

> *de avaliação). Além de estabelecer um procedimento que garante a obtenção da informação necessária de modo padronizado, ela aumenta a confiabilidade ou fidedignidade da informação obtida e permite a criação de um registro permanente e de um banco de dados úteis à pesquisa, ao estabelecimento da eficácia terapêutica e ao planejamento de ações de saúde.*

A entrevista semidirigida atendeu aos objetivos desta pesquisa, uma vez que também se demarcou um foco neste trabalho. A entrevista buscou apurar se havia sofrimento psíquico, por parte do trabalhador, em experiências de perdas ou mudanças, atuais ou passadas, sentidas como significativas, no contexto do trabalho; se havia presença de processo de enlutamento; em caso afirmativo, buscou-se compreender como se dava a evolução desse processo; e se o que foi encontrado se alinhava com as principais teorias que propõem as etapas esperadas ao processo de luto (Kübler-Ross, Bowlby, 1985; Parkes, 1998).

### Procedimentos: entrevistas realizadas

*Local da entrevista e número de entrevistas*

Inicialmente pensamos em realizar as entrevistas na USP ou em local indicado pelo entrevistado, desde que em ambiente reservado, ou seja, em que pudessem estar alocados somente entrevistado e entrevistador/pesquisador. As primeiras três entrevistas foram realizadas no local de trabalho do entrevistado, contando com reserva de sala privativa dentro da própria organização. Essa opção mostrou-se mais oportuna, pois o entrevistado não precisava dispensar tempo para se locomover até o local da entrevista, além de evitar gastos com os traslados, pois já estava doando seu tempo e depoimento voluntariamente. Na sequência, ocorreu o início da quarentena (março/2020) e a necessidade do distanciamento social promovidos para evitar a disseminação da Covid-19 (*Coronavirus Disease 2019*), consequentemente, a quarta entrevista teve de ser realizada via Skype, inaugurando o uso de TIC (Tecnologias de Informação e Comunicação) nesta pesquisa. Optamos por interromper as entrevistas e aguardar a retomada ao trabalho presencial, embora entendamos que o uso de uma sala de reunião eletrônica também caracteriza um ambiente preferencial escolhido pelo entrevistado. A não necessidade de uso de máscara protetora por parte do entrevistado e entrevistador acabou por garantir maior espontaneidade na conversa e possibilidade de maior observação das expressões faciais do entrevistado. Contudo, outro fator postergou a continuidade das entrevistas: a possibilidade de haver um viés no conteúdo a explorar relativo à vivência de luto nas relações de trabalho.

O luto, em sua forma mais genérica, invadiu a experiência mundial, o qual também chegou ao nosso país, espalhando sofrimento nas relações interpessoais dentro e fora do ambiente de trabalho. A Covid-19 trouxe mortes concretas para famílias que presenciaram o óbito de entes queridos e, mesmo as que foram poupadas, que não perderam parentes ou pessoas próximas, ou as cuidadosas que se protegeram com as medidas preventivas, acompanharam quem perdeu alguém. O adoecimento, as elevadas taxas de morte ocasionadas pelo coronavírus geraram muita aflição, muita restrição/privação. Quem não contraiu a doença, pelo menos perdeu contatos sociais e passou por muita insegurança para sair de casa. Há pessoas que ficaram reclusas em completo isolamento, este mais acentuado ainda para quem já morava só. Quem pôde continuar o trabalho em *home office* perdeu também o ambiente de trabalho anterior, além do que grande parte dos trabalhadores tiveram reduções salariais para não perder o emprego ou recebiam opção de tirar férias ou períodos não remunerados para não serem desligados. Quem trabalhou *in loco* precisou exercer o distanciamento social exigido. Houve, ainda, grandes contingentes de trabalhadores que, concretamente, perderam seus empregos. Demissões em massa entristeceram e preocuparam os brasileiros, como aconteceu por ocasião da saída de grandes multinacionais do nosso país. A empresa multinacional americana Ford (primeira indústria automobilística a se instalar no Brasil, em 1919), por exemplo, após 102 anos no país, decidiu interromper a produção no Brasil com o fechamento de três fábricas (Taubaté – SP; Camaçari – BA; Horizonte – CE). A demissão de grandes contingentes de trabalhadores na virada para 2021 foi justificada como decorrente do agravamento da capacidade industrial ociosa e redução das vendas deflagradas no período pandêmico da Covid-19. O Sindicato dos Metalúrgicos de Camaçari (BA) apontou que cerca de 10 mil trabalhadores seriam atingidos somente nesta localidade.[3] Assim tivemos que conviver com a morte também de empresas e com a ocorrência de muitas demissões, fenômeno perceptível nos bairros locais e *shoppings centers* que passaram a exibir estabelecimentos fechados.

Embora a população tivesse conhecimento de pandemias em outras épocas da história humana, por exemplo, a decorrente da gripe espanhola em 1918, a Covid-19 surpreendeu a todos, foi reconhecida como advento inédito e trouxe severas consequências ao convívio social e laboral. A gripe espanhola fez 27 milhões de vítimas pelo planeta, chegou a São Paulo e ocasionou perdas em

---

3 Consulte: "Ford anuncia fim da produção de carros no Brasil e fechamento de três fábricas". Acesso em 22.08.2021. Extraído de: https://www.google.com.br/amp/s/www.cnnbrasil.com.br/amp/business/2021/01/11/ford-anuncia-fim--da-producao-no-brasil-e-fechamento-de-tres-fabricas.

esfera nacional, como o óbito do Presidente eleito Rodrigues Alves, que não tomou posse, tendo o cargo sido assumido por seu vice Delfim Moreira (Torres, 2004). Na Covid-19, a morte de celebridades, parentes conhecidos, desconhecidos, também trouxe turbulências aos cidadãos paulistanos e, por isso, aguardamos para continuar as entrevistas previstas.

Após o período de fevereiro de 2020 a janeiro de 2021, as entrevistas foram retomadas e foram realizadas mais duas entrevistas. Consideramos oportuno esse lapso de tempo, pois com a chegada de um plano de vacinação iniciado pelo Ministério da Saúde em fins de janeiro de 2021, no Brasil, acreditamos que o ambiente tenha ficado mais propício à retomada do diálogo sobre o tema do luto com novos entrevistados. Procurou-se, mesmo assim, observar se surgiam elementos diversos entre as entrevistas realizadas antes e pós pandemia, já que situações atípicas, inusitadas, que passaram a se chamar de "o novo normal", impulsionavam ansiedade e atmosfera depressiva.

Outra mudança realizada no percurso das entrevistas não se relaciona diretamente com a pandemia, necessariamente, mas houve um rearranjo no número de entrevistas esperadas. Inicialmente tínhamos planejado entrevistar um gestor e um trabalhador em 8 empresas. Depois ponderamos que fosse interessante entrevistar diversificando o tipo de empresa: familiar, multinacional, brasileira. Adotando essa linha de pensamento, optamos por entrevistar dois indivíduos por tipo de empresa, preferencialmente um trabalhador e um gestor. Evidentemente essa amostragem poderia ser ampliada se os dados colhidos revelassem a necessidade de realizar mais entrevistas. Os infortúnios com o avanço da pandemia pela Covid-19, contudo somados ao fato de que as entrevistas realizadas por si já se mostraram muito reveladoras e suficientes, mantivemos o número de seis entrevistas (empresa brasileira; multinacional; e familiar), acrescido das duas entrevistas experimentais realizadas anteriormente a título de treino e avaliação, na matriz da empresa familiar de transporte, em Várzea Paulista.

*Duração da entrevista:*

A entrevista previa duração aproximada de 60 a 90 minutos, podendo esse tempo ser maior ou menor a depender da disponibilidade do entrevistado e daquilo que teria para relatar. A entrevista de menor duração contou com 30 minutos (Várzea Paulista) e a de maior duração perdurou por 2 h e 14 minutos (Skype SP).

*Estratégia de abordagem:*

Os participantes convidados para a pesquisa por meio da entrevista foram contatados em empresas que têm porte significativo. Previa-se que as empresas paulistanas seriam selecionadas a partir de consulta à última edição da Revista *EXAME 500 Maiores Empresas* (Ed. Abril), disponível em bancas de jornal, e que a abordagem seria feita via Setor de Recursos Humanos da empresa. A proposta era entrevistar um gestor e um trabalhador em cada empresa participante da pesquisa. Estimava-se que seria preciso, portanto, conquistar a adesão de organizações para essa tarefa. Uma vez que o porte das empresas é realizado pelo faturamento e não pelo número de funcionários, esse critério mostrava-se satisfatório. Cabe lembrar que uma empresa com alto faturamento pode, na verdade, ter poucos funcionários, dada a propagação da tecnologia nos meios de produção. Esse critério foi estabelecido, inicialmente, considerando-se a hipótese de que na empresa de maior porte podem ocorrer mais processos de transição, demissão, recolocação.

Dando início aos trabalhos, contudo, surgiram chances para obter entrevistas por meio do contato direto com pessoas, sendo que optamos pela metodologia *Snowball* ou "Bola de Neve" como ferramenta para a pesquisa. Trata-se de um tipo de "recrutamento em cadeia", como uma rede (Albuquerque, 2009 apud Baldin e Munhoz, 2011). O processo de busca pelos entrevistados, então, se modificou. A partir de pessoas relacionadas à pesquisadora, os entrevistados foram contatados, respeitando os critérios inicialmente definidos e desde que não tivessem mantido qualquer contato anterior de qualquer natureza com a pesquisadora. Os entrevistados seguintes advieram das primeiras pessoas entrevistadas. Assim, por meio de um contato com o RH da empresa familiar do setor de madeiras, um gestor e um trabalhador foram indicados para entrevista; por intermédio de uma funcionária demitida da multinacional de indústria farmacêutica, a pesquisadora foi apresentada às duas entrevistadas da multinacional; e por meio da funcionária do RH da empresa do setor de madeiras, que havia indicado os dois indivíduos entrevistados nessa empresa familiar, foi possível entrevistar um gestor e um funcionário em uma empresa brasileira ligada ao setor de animais domésticos, já que ela havia sido desligada da empresa do setor de madeiras durante a pandemia e estava atuando no RH da empresa brasileira do setor de animais domésticos posteriormente.

Como vimos, surgiu também como novo parâmetro a aspiração de obter as entrevistas em organizações de natureza diversas – empresa familiar; brasileira; e multinacional –, e no caminho observou-se que não era necessário valorizar uma quantidade maior de entrevistas, pois a cada uma que era realizada, revelava-se a riqueza de dados e a facilidade para obter relatos que incluíam processos de enlutamento.

As perguntas a seguir foram utilizadas na entrevista semidirigida:

1. Conte-me sobre uma perda significativa que você tenha sofrido na sua trajetória de trabalho. Como se sentiu? Como o processo evoluiu?

2. Acredita ter ficado enlutado? O que entende por luto? (após a resposta à pergunta número 1).

3. Há alguma outra experiência que você deseje relatar em relação a algo que não foi lhe perguntado?

As duas primeiras questões estão focalizadas nos temas relativos aos objetivos diretos desta pesquisa. A terceira questão buscou dar um espaço de liberdade ao entrevistado para que relatasse algo a mais sobre suas necessidades e sua relação sofrimento x prazer, no âmbito do trabalho ou outro elemento. A última pergunta foi importante para que se colhesse alguma informação sobre outras necessidades do trabalhador e também sobre a situação transferencial estabelecida na entrevista e o vínculo criado com o entrevistador. Entende-se pelo fenômeno da transferência, neste trabalho, o que foi introduzido e descrito pela abordagem psicanalítica freudiana (Freud [1912] 1969b).

Turato (2013, p. 309) assinala que a dinâmica da entrevista na pesquisa clínico-qualitativa utiliza, inequivocamente, conceitos psicanalíticos básicos, como: "estabelecimento do *setting*, valorização da transferência e da contratransferência, bem como a permissão da livre associação de ideias". Nossa terceira questão pode trazer elementos adicionais ao que se quis investigar.

Foi solicitado que o entrevistado assinasse o Termo de Consentimento Livre e Esclarecido (TCLE) para participação nesta pesquisa (Vide Anexo 1) e preenchesse uma ficha de identificação com dados pessoais (Vide Anexo 2).

## Análise dos dados

Os relatos de nossos entrevistados foram analisados pela escuta psicanalítica e os dados obtidos foram tratados de modo a identificar os elementos recorrentes nesses discursos, como também as singularidades encontradas. Como apontado na metodologia desta pesquisa, o referencial teórico utilizado para a análise dos dados obtidos nas entrevistas provém da Psicologia, Psicologia do Trabalho, Psicanálise e da Psicodinâmica do Trabalho e, portanto, a escuta psicanalítica foi priorizada. Foram analisados os relatos de seis trabalhadores de empresas situadas na cidade de São Paulo (gestores e funcionários) e dois trabalhadores da empresa familiar em Várzea Paulista, nas proximidades da cidade de São Paulo, com idades entre 34 e 53 anos, totalizando oito estudos de caso.

Castro, Abs e Sarriera (2011, p. 816) apontam que a Análise de Conteúdo (AC) proposta por Bardin (1977/1978) pode ser definida como "um conjunto de instrumentos metodológicos que têm como fator comum uma interpretação controlada, baseada na inferência" de "conhecimentos relativos à produção/percepção de mensagens", em que o esforço de interpretação oscila entre "o rigor da objetividade e a fecundidade da subjetividade". Bardin refere-se a algumas técnicas e entre elas, após à pré-análise (em que são definidos os documentos e protocolos a serem analisados, entre outros fatores), um segundo momento está denominado de codificação, em que se incluem o recorte, a agregação e a enumeração. Utilizamo-nos, nesta pesquisa, do processo de recorte, ou seja, definimos unidades de análise, como: recortes semânticos (temas – ex: luto) ou os linguísticos (palavras/ frases – ex: demissão).

Conteúdos relacionados aos temas da perda, enlutamento, experiências ligadas ao advento de uma demissão, mudanças de cargo ou de relacionamentos no ambiente de trabalho, como a perda de um chefe ou de colega(s) de trabalho foram valorizadas e destacadas para análise nesta pesquisa. Partimos, com isso, de categorias pré-definidas delineadas a partir do nosso interesse neste trabalho (definido nos objetivos), como no caso da intenção de investigarmos como o indivíduo trabalhador que passa por processo de luto o concebe e se ele percebe a evolução do luto em fases sucessivas. Nesta direção, foram constituídas algumas unidades de análise. Questões relacionadas à saúde ocupacional e sofrimento no trabalho também foram priorizadas para análise, partindo do entendimento de que a atividade de trabalho exerce papel relevante nos processos de saúde e adoecimento dos trabalhadores.

# 3. Luto na organização: relato de experiência de gestores e trabalhadores atuantes em empresas, na cidade de São Paulo

Para conhecermos como trabalhadores do mundo corporativo na cidade de São Paulo vivem as experiências laborais e de transições de cargos ou outras mudanças faz-se necessário ouvi-los. Com base nos dados obtidos, o sofrimento psíquico, em meio às atividades de trabalho, foi largamente detectado.

## *Sobre os indivíduos entrevistados*

Para proteger os entrevistados e garantir confidencialidade, os sujeitos desta pesquisa foram referidos por nomes de plantas ou animais. Assim, evita-se que sejam expostos desnecessariamente e venham a ter problemas em seus contextos de trabalho. A seguir, apresentamos as denominações dos entrevistados:

76 LUTO NA ORGANIZAÇÃO

**Quadro 1.** Perfil dos entrevistados

| | |
|---|---|
| **Empresa 1** | Carvalho – 40 anos, casado, graduado em Direito, pós-graduado, gerente jurídico e *compliance*. |
| **Eucalipto (familiar)** | Mogno – 45 anos, casado, duas filhas de relacionamento anterior. Bacharel em Comunicação Social e consultor de operação. |
| **Empresa 2** | Erva-cidreira – 37 anos, solteira, namora, graduada em Secretariado Executivo Trilíngue e analista de licitação Jr. |
| **Boldo (multinacional)** | Mirra – 53 anos, casada, tem filhos, graduada em Letras, assistente executiva (Secretária). |
| **Empresa 3** | Coelho – 29 anos, solteiro, namora, graduado em Relações Públicas, pós-graduado, analista sênior de comunicação interna. |
| **Floresta (brasileira)** | Akita – 45 anos, casada, uma filha, graduada em Administração de Empresas, Pedagogia e Recursos Humanos, pós-graduada e gerente de Desenvolvimento organizacional. |
| **Empresa 4** | Guepardo – 34 anos, casado, graduado em Administração de Empresas, pós-graduado e supervisor de recursos humanos. |
| **Piloto/Experimental** **Falcão (familiar)** | Leoa – 44 anos, solteira. Tecnóloga em Logística e assistente de gestão de sistema. |

Vejamos mais informações sobre essas empresas e os indivíduos entrevistados:

## Empresa 1 (familiar) – Eucalipto – comercializa madeiras

Nesta empresa foram entrevistados um gestor (Carvalho) e um funcionário (Mogno).

Número de funcionários da empresa estimado pelos entrevistados:

Carvalho estima que tenham 1.100 funcionários próprios e que na rede toda, o que inclui também as franquias, cheguem por volta de 4.000 funcionários. Mogno estimou o número total em por volta de 3.000 funcionários.

## Empresa 2 (multinacional) – Boldo – indústria farmacêutica

Nesta empresa foram entrevistadas duas funcionárias, sendo que uma delas exerceu funções de gestora em alguns projetos (Erva-cidreira e Mirra). Esses nomes foram escolhidos porque correspondem a ervas medicinais e a indústria produz e comercializa medicamentos. A mirra, por exemplo, é uma planta medicinal que possui propriedades antissépticas, antimicrobianas, anti-inflamatórias, anestésica e adstringentes.

Número de funcionários da empresa estimado pelas entrevistadas:

Erva-cidreira informou que a Boldo conta com 4.000 funcionários, mais os existentes em outras duas fábricas em cidades próximas à cidade de São Paulo.

## Empresa 3 (brasileira) – Floresta – comercializa produtos para animais domésticos

Nesta empresa foram entrevistados uma gestora (Akita) e um funcionário (Coelho). Esses nomes foram escolhidos porque correspondem a animais – cachorro e coelho – encontrados em domicílios.

Número de funcionários da empresa estimado pelos entrevistados: 5.347 (Akita); 5.400 (Coelho).

## Empresa 4 – Piloto/Experimental (familiar) – Falcão – realiza transporte de produtos químicos

Nesta empresa foram entrevistados um gestor (Guepardo) e uma funcionária (Leoa). Para os entrevistados da empresa de transporte foram escolhidos nomes de animais velozes.

Número de funcionários da empresa: 181

Empresa localizada em Várzea Paulista (60,7 km da cidade de SP). Provavelmente por ser uma empresa de transporte de materiais químicos, a matriz foi alocada nas proximidades da cidade de SP, abrigando os caminhões especializados nesse tipo de transporte de risco.

Vejamos agora um pouco sobre nossos entrevistados: que idade têm, qual é a formação educacional pregressa, que cargo ocupam, tempo que estão na empresa, como descrevem o próprio percurso profissional:

### Eucalipto – empresa familiar

**Carvalho** (masc.) – 40 anos, graduado em Direito e pós-graduação concluída, seu cargo na empresa é gerente jurídico e *compliance*, dez anos de tempo de permanência nessa empresa. Concedeu-nos entrevista em 10 de março de 2020, com duração de 1 h e 30 minutos.

Histórico:

Carvalho obteve seu primeiro emprego em 1994, com 15 anos, no qual permaneceu por seis meses como *office boy*, em uma pequena madeireira na cidade de São Paulo. Aos 15 anos, quase 16, pediu demissão para ir trabalhar como estagiário na Caixa Econômica, em um contrato de dois anos. Trabalhou no setor de Fundo de Garantia, nos anos de 1995-1996, até quase 17 anos. Depois se deslocou para uma empresa de produtos de agropecuária, em que ficou por volta de um ano, um ano e meio. Começou a Faculdade de Direito e com 18 anos foi trabalhar em uma empresa de locação de máquinas que vendem refrigerante, salgados em saquinho etc., alocadas em hospitais, por exemplo. Tinha o cargo de faturista. Seu objetivo era conseguir um salário e condições melhores de trabalho para pagar a faculdade e ajudar seus pais. Foi para a área comercial e fazia contratos. No 4º ano da faculdade enviava currículos para escritórios de advocacia porque queria entrar na área jurídica. Em meados de 2.000, pediu demissão para ser estagiário em escritório de advocacia. Formou-se em dezembro de 2001 e na sequência já passou no exame da OAB. Foi efetivado no escritório em 2002 e passou a fazer audiências na área trabalhista, na filial do escritório que fica em outro estado. Em 2003, a convite de sua chefe, seguiu com ela para um escritório de perícias, e posteriormente foi convidado a retornar ao escritório anterior e aceitou. Entre 2002 e 2003 atuou na área trabalhista. Em 2004 recebeu convite de uma antiga relação de trabalho para ir a outro escritório. Realizou essa mudança com uma vantagem salarial pequena, mas para ter carteira assinada também, trazendo outros benefícios. Assumiu a área trabalhista da empresa Eucalipto, em que se encontrava trabalhando no momento da nossa entrevista. Fez a rescisão na empresa anterior e aceitou o contrato na atual, passando a se reportar ao CFO (*Chief Financial officer*/diretor financeiro) e a assumir o jurídico de várias áreas. Contou que por 10 anos cuidou dessa área, com todos os campos existentes do Direito e não somente a área trabalhista em que atuava, tendo formado um time de trabalho. Apontou que, nesse período, teve uma ascensão profissional e de conhecimento muito grande e que formou um time para dar conta do trabalho. Dizia-se: "Eu quero ser um bom líder". Avaliava seus líderes e concluiu que não queria ser agressivo como um deles ou ser prepotente. Pensava em formar sucessores, tendo por critério a confiança e a vontade de aprender e não o tempo de casa. Carvalho acredita que para assumir e ser líder de uma área, é necessário conhecer o negócio e saber liderar, o que inclui saber dar autonomia e "acreditar no que o seu time diz". Queria que as pessoas de seu time aprendessem e estivessem "na mesma pegada". Acredita que isso lhe trouxe um grau de exigência "elevado". Afirmou: "A minha régua de exigência é muito alta comigo mesmo; se você tomar decisões aleatórias estará pondo a companhia em risco". Sua pretensão era se transformar em juiz do trabalho e em 2007 começou o primeiro curso preparatório para realizar o concurso para atuar na Justiça do Trabalho. Acreditava que precisava ficar no mínimo por dois anos estudando por 8 horas diárias, mas também tinha que pagar suas contas, já que em 2006 passou também a morar sozinho. Realizou provas seletivas em diversos estados. Sua aspiração era "fazer justiça" e ter estabilidade financeira. Pensava na velhice e na aposentadoria. Ficou diante de uma carga de trabalho exaustiva. Após realizar um trabalho de *coach*, que providenciou por si mesmo, declinou dos estudos para a carreira de juiz e passou a pensar em um caminho novo pela iniciativa privada. Passou a ter por meta assumir uma diretoria jurídica. Estava formando sucessores e foi-lhe sugerido em um segundo processo de *coach,* que recebeu como benefício, que assumisse mais áreas na empresa. Foi designada a área de *Compliance* para cuidar. Recebeu a área "Prevenção à Perda" para liderar. Fez um curso de *Compliance*, que havia concluído ser preciso no primeiro *coach* e, no momento da entrevista, era gestor das duas áreas: jurídica e *compliance*. Começava a implantar o programa de *compliance* na Eucalipto.

**Mogno** (masc.) – 45 anos, bacharel em Comunicação Social, seu cargo na empresa é de consultor de operação, 21 anos de permanência nessa empresa, em duas contratações (14 anos na primeira e já há sete anos na segunda). Concedeu-nos entrevista em 21 de fevereiro de 2020, com duração de 1 h e 10 minutos.

Histórico:

Quando Mogno contava com 15 anos, seu pai quis que ele ingressasse no SENAI. Seu pai desejava que ele seguisse o curso na área de Elétrica, mas ele se direcionou à área de Mecânica. Avalia que não utilizou nada dessa formação até hoje, em relação ao seu percurso profissional, mas que aprendeu sobre disciplina com as regras bem rígidas existentes na instituição. Quando terminou o curso técnico no Serviço Nacional de Aprendizagem Industrial (SENAI), foi trabalhar na mesma empresa em que seu pai era funcionário – uma fábrica de tecidos. Permaneceu lá por quase um ano, mas não continuou porque a empresa sofreu mudanças e ele não quis ir trabalhar em outra cidade, longe da família e com apenas 17 anos. Passou a trabalhar em uma loja que prestava serviços a uma indústria de tintas e lá conheceu a empresa que comercializa madeira, que chamamos de Eucalipto, e na qual se encontra trabalhando hoje.

Começou na empresa Eucalipto em 1996 como vendedor, depois passou para o serviço de escritório. Relatou que trabalhava com uma parte burocrática na área de marketing, fazendo atendimento ao consumidor e participando da criação de malas diretas, o que ocasionava que tivessem que varar noites na empresa. Percebeu que preferia visitar o consumidor a recebê-lo na empresa ou falar via telefone, via reclamação. Surgiu uma vaga no setor comercial e de 2005 a 2009 permaneceu nesse cargo. Tendo já trabalhado em lojas, no marketing e no comercial, a diretora o convidou para um novo projeto, que se tratava da constituição de uma Academia para ofertar treinamento, por meio de aulas, aos novos funcionários. Dois meses depois, essa diretora saiu da empresa e entrou outra, que o demitiu, em 2010. Essa foi, para ele, uma experiência sentida como muito traumática, como veremos a seguir.

Na primeira passagem pela empresa, que comercializa madeiras há 15 anos, como vimos, Mogno inseriu-se primeiro como vendedor na área comercial, passou pelo departamento de marketing e posteriormente a um setor de treinamento de novos funcionários, ministrando aulas. Após a demissão, conversou com o presidente da empresa em que havia sido demitido, que se interessou por lhe ofertar ajuda, mas ele já havia sido contratado em uma multinacional, por intermédio de um amigo. Seis meses depois, Mogno demitiu-se, pois acreditava não estar retribuindo como seria necessário e foi trabalhar sem registro em carteira de trabalho com outro conhecido, que o deixou cuidando de sua empresa de importação e exportação de produtos, lugar em que permaneceu um ano e meio. Havia um acordo de que ele ficaria até se sentir melhor e deixar a crise emocional ("inhaca" na linguagem de seu amigo, termo que ele adotou). Sentindo-se melhor, foi em busca de um trabalho com carteira registrada.

Passou a trabalhar em uma empresa que fica em outra cidade, recebeu um carro para ir e voltar todos os dias, mas considerou essa uma má experiência, pois, além de ser longe, havia irregularidades na empresa que ele não concordava, faltando "bons princípios", então pediu demissão após cinco meses. Por meio de um contato na empresa anterior, que trabalha com madeiras, retornou à Eucalipto em 2013, em que permanecia até o momento da entrevista (fev. 2020), já por mais quase sete anos (completou-os em julho de 2020), na mesma função em que reingressou. Entrou com salário menor que os demais consultores, o que foi sendo readequado com o ingresso de um novo diretor, a partir de 2016. Afirmou sentir-se realizado, pois retornou à empresa que queria e atualmente possui um salário, o qual considera bom, que acredita ser o do mercado. Viaja de 3ª a 5ª feira para regiões em que dá consultoria (interior do estado de São Paulo e localidades em outros estados), por parte da empresa de gestão, do mesmo grupo da empresa que comercializa madeiras, em que permanece nas 2ª e nas 6ª feiras. Gosta de viajar e de conhecer novos lugares.

Foi-lhe oferecido gerenciar uma loja, mas Mogno preferiu ficar na sua função daquele momento, pois é o que gosta de fazer, tendo encontrado seu bom lugar. No mês da entrevista, Mogno oferecia consultoria para onze lojas e viajava, portanto, para essas onze regiões. Em cada viagem que realiza, visita também novas cidades em que possa "prospectar uma nova loja" para a empresa de madeiras, que trabalha com três tipos de negócios: lojas próprias (pertencem à empresa); lojas parceiras (estilo franquias); e associadas (não levam a marca da empresa). Mogno não atua nas lojas próprias; atua majoritariamente nas lojas parceiras; e atua com duas das onze lojas associadas. De três segmentos, encontra-se trabalhando em dois deles.

## Boldo – empresa multinacional

**Erva-cidreira** (fem.) – 37 anos, graduada em Secretariado Executivo Trilíngue, seu primeiro cargo na empresa foi secretária assistente (de mais nove secretárias executivas) e após demissão de outras secretárias e rearranjo entre três que permaneceram, passou a analista de licitação júnior, área em que não tinha formação, mas lhe foi atribuída a fim de preservar o emprego. Tempo de permanência na empresa: 2 anos. Concedeu-nos entrevista em 19 de setembro de 2020, com duração de 1 h e 20 minutos.

Histórico:

Erva-cidreira começou a trabalhar com 16 anos em um programa de estágio na Caixa Econômica Federal. Auxiliava clientes com PIS e FGTS, por exemplo. Participou de todas as áreas do banco, com exceção do caixa, porque era destinado aos funcionários públicos. Nessa época, cursava o ensino médio. Fez 18 anos e foi trabalhar em Suzano, em um armazém alfandegado, no seguinte cargo: auxiliar de presença de carga. Era responsável por aguardar as cargas oriundas do porto e do aeroporto para que os despachantes aduaneiros pudessem fazer a declaração de importação, sendo que uma parte desta documentação era apresentada ao fiscal da Receita Federal. Registrava Declaração de Importação (DI). Permaneceu nessa função por dois anos e depois, por meio de uma amiga, foi avisada sobre uma vaga de trabalho em um hotel em São Paulo, passou na entrevista, iniciando neste local. Estava prestes a completar 20 anos. Vindo para a cidade de São Paulo, primeiro foi morar com a avó por seis meses e depois passou a morar com uma amiga da mesma idade. Seu cargo no hotel era: atendente de alimentos e bebidas. Trabalhava no restaurante do hotel. Após um ano nesse emprego, foi convidada a trabalhar na recepção do hotel. Recebeu, então, um convite de um cliente para trabalhar em sua empresa. Cansada das escalas do hotel e de trabalhar de "domingo a domingo", aceitou, assumindo o cargo de auxiliar financeiro. Lá permaneceu de 2005 a 2007, dois anos. Depois foi trabalhar com eventos, em promoção em agências, sem ser registrada, atuando como *freelancer*. Permaneceu nessa função de 2007 a 2009, também por dois anos.

Em 2009 foi trabalhar também como auxiliar financeiro em uma produtora de filmes, empresa em que teve sua maior permanência, de 2009 a 2016. Ficou como Auxiliar Financeiro, mas também passou a secretariar a dona da produtora. Cuidava da casa da dona da produtora, de "coisas da produção", de filmagem e viagens, além da rotina de auxiliar administrativa e financeira. Quando a dona da produtora viajava, ela ficava, até mesmo, na casa dela, já que morava longe e lhe convinha ficar, e também cuidava da casa e dos cachorros. Percebendo um declínio financeiro da produtora nos últimos dois anos, na época, demitiu-se porque achou que a dona não tinha coragem de demiti-la. Afirmou: "Eu não quero ser um peso para as pessoas . . . isso me incomoda de ser um peso". Saiu em junho de 2016 e passou o segundo semestre como *freelancer* trabalhando com produtoras de arte que a chamavam para fazer "fechamento".

Em novembro foi trabalhar em um buffet infantil no cargo de auxiliar financeiro. Ponderou que essa foi uma das piores experiências pelas quais passou: chefe autoritário, de difícil relacionamento e irresponsável. Tinha muito volume de trabalho. Logo ficou no lugar da gerente que estava afastada por *Burnout*. Depois de um semestre (final de 2016 a junho de 2017), demitiu-se por estresse, com o salário atrasado e muita queda de cabelo. Em julho de 2017, partiu para ser estagiária na Asfalto (termo fantasia para substituir departamento de estradas). Segundo conta, teve uma perda financeira, mas ganhou paz. Avalia que esse foi o trabalho mais tranquilo que já teve, em que permaneceu até fevereiro de 2018.

Em março de 2018 foi contratada pela Boldo, onde conheceu suas nove chefes. Ficou muito alegre em trabalhar na área de formação do curso universitário em que se graduou. Seu primeiro cargo foi de estagiária auxiliar de nove secretárias; e o segundo correspondia a uma vaga de secretária da secretária do presidente, como secretária júnior. Seu cargo de assistente de secretária foi extinto e, para que não fosse desligada, a colocaram em novo cargo – analista de licitação – área comercial. Ficou em função dupla, contudo, porque ao chegar teve que cobrir a licença maternidade de uma funcionária que dava assistência para a área toda. Mencionou que estava tentando aprender sobre a área da licitação, que lhe era, até então, desconhecida.

**Mirra** (fem.) – 53 anos, graduada em Letras, seu cargo na empresa é de assistente executiva (secretária), 39 anos de tempo de permanência até ter sido desligada em outubro 2019. Mirra exerceu funções de gestora em alguns momentos nessa longa trajetória na Boldo. Concedeu-nos a entrevista em 19 de março de 2020, com duração de 2 h e 14 minutos.

86 LUTO NA ORGANIZAÇÃO

Histórico:

Mirra começou a trabalhar com 13 anos em uma indústria farmacêutica, em 1980. Iniciou na função de auxiliar de embalagem e depois passou a trabalhar na área de produção, como operadora de máquina. Passou por algumas áreas do setor de produção, por exemplo, atuou na área de qualidade, cobrindo férias de outras pessoas. Em agosto de 1980 a empresa foi vendida para outra indústria multinacional do ramo que aqui chamaremos por Tubo de Ensaio. Meses depois um laboratório multinacional comprou a Tubo de Ensaio. Mirra permaneceu trabalhando no mesmo endereço mais um ano e meio e depois mudou para outro bairro em São Paulo. Era muito menina, mas tinha uma letra muito bonita e foi convidada, por isso, a fazer alguns cartazes (ex: de anúncio, de identificação para funcionários), na época, em *flipchart*. Foi secretária da Comissão Interna de Prevenção de Acidentes (CIPA) por um ano. Passou em processo seletivo e, por dois ou três anos, permaneceu como assistente administrativa de uma gerente de produção.

Em 1990, houve novo processo seletivo e Mirra passou para a área de promoção, eventos e marketing. Atuou como assistente da secretária e assistente da parte de promoção e eventos. Passou a auxiliar de assistente administrativo e depois à secretária português. Do setor de promoção passou ao setor de produto, ambos os setores da área de marketing. De 1999 a 2000, passou a uma nova unidade de negócios dentro da área de marketing, voltada para diabetes; e depois, de 2001 a 2003 preencheu uma vaga para secretária na parte da América Latina da empresa. Trabalhou em marketing, na área cardiovascular e diabetes. Assessorou um evento internacional. Referiu ter sido um grande desafio para ela porque falava pouco da língua do país. Essa foi sua primeira experiência de viagem para fora do Brasil. Em 2003 houve o pré-lançamento de um produto – um novo medicamento/uma nova insulina –, na Argentina. Na sequência, houve lançamento em Cancun, que envolveu mais ou menos oitocentas pessoas. Juntamente com a agência contratada, fez parte da coordenação desse evento com a equipe do Brasil e pessoas de países da região da América Latina.

Na virada de 2003 para 2004, um de seus diretores voltou ao Brasil para assumir outra unidade de negócios e, na sequência, ela também foi chamada para voltar a trabalhar no Brasil no setor de treinamento da área comercial. Na virada de 2004 para 2005, segundo Mirra, houve um "burburinho" de que a empresa estava sendo vendida. De 1980 a 2004, passou por três fusões. Seu diretor foi demitido e vieram diretores novos, as áreas de marketing e vendas foram separadas e cada um dos setores ficou com um diretor. Mirra ficou com o diretor de vendas por certo período, até que ambas as áreas foram novamente unificadas e passaram a ser geridas por apenas um diretor, quando aquele que era diretor de marketing retornou à sede da indústria na Europa. Outra secretária assumiu o trabalho com o diretor remanescente e ela passou a dar assistência às equipes de gerência de marketing e da gerência da área comercial.

Em 2006 e 2007, atuou como força de vendas e também ministrava treinamentos. Depois voltou para produto e foi atender o gerente de marketing. Direcionada ao gerente de produto pelo seu diretor, tendo realizado pedido voluntário para ter mais tarefas, passou a trabalhar com uma consultora externa e chegou a assumir toda a equipe das instrutoras para utilização de medicamento para diabetes. Mirra permaneceu entre dois anos e meio a três anos com funções de gerente de produto, atuando paralelamente também como secretária, atendendo o gerente de marketing. Depois passou de assistente de marketing para assistente do diretor, permanecendo assim de 2009 até 2014 com este diretor, que veio a assumir uma posição na América Latina. Convidou-a para seguir com ele, mas ela não quis, porque se sentia melhor no Brasil. Mirra já havia tido uma experiência assim e argumentou para ele que preferia permanecer no Brasil, sendo assim, seu pedido foi plenamente compreendido.

Mirra contou que, na sequência, houve um período de muitas mudanças, com volta e saída rápidas de um antigo diretor muito querido, vinda de funcionários do país de origem da multinacional, reestruturação e demissão de mais da metade dos funcionários, de acordo com o que apurou.

O diretor de Mirra saiu e houve um comunicado de que a área em que estava ia se unir a outra e Mirra ficou sem função, adaptada naquele momento ao novo contexto de área. Ela ficou dois meses sem um diretor e sendo tranquilizada pelo outro diretor, que já tinha uma assistente. Depois veio um novo diretor e ela passou a auxiliá-lo. Avaliou esse como um ótimo período de trabalho, mas que, porém, findou com a saída estratégica desse diretor para outra empresa, pois, segundo Mirra, ele não estava conseguindo atingir bom resultado com a venda do produto de que era responsável por cuidar. Em 2018, permaneceu um mês e meio novamente sem diretor até que veio outro de fora. Em 2017, então, a empresa começou a redesenhar o cargo das assistentes executivas, reduzindo o número de assistentes existentes – redução de quadro. Na remodelagem, inicialmente ela assistia um diretor e depois passou a assistir o diretor e mais uma diretora nova. Em 2018 chegou a ficar sem os dois porque o diretor pediu demissão e a diretora assumiu uma área de negócios e vieram outras secretárias para assessorar um diretor ou dois ou até nenhum diretor, quando ocorriam pausas de transição – demissão ou mudança de função do(a) diretor(a). Em 2019 foi chamada para ajudar no processo de demissão de setenta pessoas, posteriormente, foi sua vez, sendo desligada em outubro de 2019.

Segundo relatou, Mirra permaneceu, então, dos 13 aos seus 53 anos na mesma empresa, atingindo 39 anos de permanência e tendo vivido por volta de seis fusões. Cabe mencionar que Mirra exerceu funções de gestora em alguns momentos nessa longa trajetória na Boldo, por exemplo: fez parte do time de liderança que coordenou um evento realizado em um país da América Central, relacionado ao lançamento de um produto pela primeira vez fora do país, que envolveu mais ou menos oitocentas pessoas; assessorou as novas equipes de força de vendas, apoiou o setor de gerência de marketing e da área comercial, atendendo as maiores equipes que tinham, informando sobre os processos de trabalho; e trabalhou com uma consultora de um produto da Boldo, que era responsável pelo desenvolvimento de materiais educativos, momento em que chegou a assumir a orientação de uma equipe de cinquenta instrutoras, criando, organizando e direcionando as reuniões de treinamento. Nessa ocasião, ofereceram-lhe o cargo de gerente de produto, pois já vinha exercendo essa função, mas Mirra preferiu continuar na assessoria de gerente de marketing.

Trabalho atual de Mirra: encontra-se criando uma empresa, com uma amiga que também foi desligada da Boldo, de trabalho remoto como assistente virtual. No momento da entrevista tinha obtido dois trabalhos: um evento que já estava finalizado; e um trabalho de pesquisa em andamento para um cliente.

*Floresta – empresa brasileira*

**Coelho** (masc.) – 29 anos, graduado em Relações Públicas, pós-graduado em Administração de Empresas em Marketing e Branding, seu cargo na empresa é Analista Sênior de Comunicação Interna (dentro do RH da empresa), há quatro meses e meio trabalhando na empresa Floresta. Concedeu-nos a entrevista em 13 de março de 2021, com duração de 1 h e 2 minutos.

90   LUTO NA ORGANIZAÇÃO

Histórico:

Na época dos exames pré-vestibulares, Coelho sonhava em ser biólogo, mas desistiu por avaliar o mercado da Biologia como "não muito fácil". Direcionou, então, sua escolha ao campo das Relações Públicas, após pesquisar em um guia de profissões, e sente-se muito feliz com sua opção. Coelho graduou-se em Relações Públicas, concluiu uma pós-graduação em Administração e um MBA em Marketing e Branding. Todos os cursos foram realizados em instituições de ensino de grande renome.

Em seu primeiro trabalho, Coelho entregava medicamento numa farmácia, trabalho facilitado pela família, por um tio dono de um hospital. No período em que era aluno universitário, foi vendedor de 3G de uma empresa e como explicou, tratava-se de "*job* de vendedor para ajudar a pagar a faculdade". Na sequência, Coelho ficou de seis a oito meses (não soube precisar) em um escritório de advocacia fazendo "negociação de contratos ajuizados"; trabalhou por cerca de um ano na área de comunicação, na frente Brasil, de uma empresa multinacional que comercializa apartamentos e salas comerciais; e seguiu para uma indústria farmacêutica brasileira em que trabalhou por um ano e seis meses. Como não havia vaga para efetivação, Coelho buscou novas oportunidades e trabalhou em uma empresa de alimentação, na qual permaneceu por três anos. Deslocou-se, então, para outra grande farmacêutica e depois para uma empresa multinacional, que comercializa utensílios para guardar mantimentos feitos de polímeros/plásticos, em que trabalhou por quase três meses e meio. Afirmou: "eu tenho cerca de nove, dez anos de carreira. Eu acho que já trabalhei em umas seis, sete empresas. Então eu tenho bastante história. . .". Pelas informações do relato do entrevistado, são nove empresas incluindo o emprego atual. Embora Coelho seja um trabalhador jovem, com apenas 29 anos, passou por diversas transições em sua trajetória no mundo do trabalho e mostrou-se bem-disposto a colaborar com o tema de nossa pesquisa, interessando-se pelo que entendíamos por perdas e luto no ambiente de trabalho.

**Akita** (fem.) – 45 anos, concluiu três graduações – Administração de Empresas, Pedagogia e Recursos Humanos –, e um curso de especialização em Educação Corporativa e Administração. Seu cargo na empresa Floresta é de gerente de desenvolvimento organizacional. Seu tempo de permanência nessa empresa é de um mês e 24 dias, segundo precisamente apontou. Concedeu-nos a entrevista em 24 de março de 2021, com duração de 36 minutos.

Histórico:

Apesar de ter larga formação por meio de diversos cursos concluídos, Akita revelou sentir-se agoniada por não estar estudando no momento. Ela avalia ter começado sua carreira muito nova, tendo iniciado em seguimento bancário aos 16 anos, na área financeira, motivo pelo qual se direcionou ao curso de Administração de Empresas, porque se relacionava à área de prevenção e riscos que havia trabalhado no Banco. Esse primeiro emprego foi em um banco que já trocou de nome por duas vezes, por consequência de fusões ocorridas posteriormente. Nesse banco, chegou a ocupar o cargo de supervisora de prevenção e riscos. Gostava de analisar se as pessoas tinham condições de adquirir crédito e cartão de crédito. Contou que trabalhava em sistema de perfil de cliente. Acredita que trabalhou em área pioneira em segmento bancário e, na época, foi convidada a trabalhar em empresa de Telecom, na qual montou uma área de crédito e prevenção. Logo assumiu a gerência da área, permanecendo nesta função até o ano de 2010. Embora atuasse em campo mais voltada ao setor financeiro, sentia que algo a movia sempre para a área de Recursos Humanos, envolvendo-se em pesquisa de clima, comitê de gente (sic). Pensa que é porque sempre gostou de Educação, que buscava conhecimento e trazia

92  LUTO NA ORGANIZAÇÃO

para a equipe. Já formada em Administração, durante sua trajetória nessa empresa de Telecom, decidiu que ia fazer uma graduação em Recursos Humanos. Concluiu um curso tecnológico que considerou muito prático. Ponderou cursar Psicologia, mas percebeu que queria "conhecer de verdade" os subsistemas de Recursos Humanos. Akita se inscreveu para uma vaga que foi aberta na área da Educação. De gerente passou a uma vaga de coordenação, segundo ela, em nível similar e por isso não via problema nesse deslocamento.

Em 2017, Akita veio trabalhar em São Paulo, permanecendo nessa cidade por dois anos. Sua saída se deu pelo fato de precisar voltar ao Rio de Janeiro, por questões familiares de cunho pessoal. Obteve novo emprego em empresa de transporte público, em que assumiu a área de desenvolvimento organizacional, tendo cuidado de setor de capacitação: programas de desenvolvimento, gestão de desempenho, ciclo de carreira, reposicionamento dos executivos no mercado, recrutamento e seleção e escolas de formação para treinamento de funcionários. Havia um projeto social que trazia pessoas sem experiência para o mercado da empresa e também recrutava trabalhadores com características diversas, como transgêneros, deficientes, entre outros. Foi novamente convidada a trabalhar em empresa de Telecom. Aprendeu espanhol, pois a empresa era uma multinacional, de país latino. Mirra ficava no Brasil e era responsável pelo RH do Brasil. A diretora da empresa Floresta, que conhecia seu trabalho na empresa multinacional, convidou-a a vir para a Floresta fomentar a área de educação e desenvolvimento. Entrou para a floresta com o desafio de profissionalizar a área de desenvolvimento organizacional, tornando-a mais visível. Atualmente busca transformar a área em uma área de negócios. Aprecia muito trabalhar na área de educação do setor de recursos humanos (RH), pois a área de desenvolvimento, segundo ela, "entrega felicidade", já que oferta recursos para aprimoramento. Ao lado disso, outro setor do RH encontra-se voltado a demitir ou dar notícia ruim – por exemplo, que a empresa não pode oferecer um aumento de salário. Neste caso, segundo Akita, o RH entrega tristeza. Expressou-se afirmando que ama atuar na área do RH em que se encontra no momento.

*Falcão – empresa familiar – Piloto/Experimental*

**Guepardo** (masc.) – 34 anos, pós-graduado em Administração, seu cargo na empresa é de supervisor de RH, com sete anos de tempo de permanência na empresa. Concedeu-nos entrevista em 04 de fevereiro de 2020, com duração de 53 minutos.

Histórico:

Guepardo começou a trabalhar com 9/10 anos de idade entregando folhetos para a divulgação da pizzaria e o mercado do bairro em que morava. Contou que sempre quis trabalhar para obter o próprio dinheiro. Seu pai trabalhava como motorista de ônibus e sua mãe permanecia no lar. Após algum tempo, seu pai adquiriu seu próprio ônibus e passou a trabalhar de modo independente, como autônomo. De entregador de folhetos, Guepardo passou a trabalhar como "ajudante de caminhão", na entrega de móveis, de vinagre, de produtos em Jundiaí e São Paulo, até seus 16 anos. Aos 14 anos teve uma passagem de trabalho em uma lanchonete na frente da rodoviária da cidade em que residia, em período noturno da meia noite às seis da manhã, colocação obtida para ele por seu pai. Na sequência, trabalhou na produção de sanitários e caixas plásticas. Foi dispensado do Quartel e, nessa época, realizou trabalhos informais, até que foi trabalhar em *call center*, na cidade de Jundiaí. Obteve um trabalho como operador de telemarketing, sendo promovido a monitor, que correspondia, na época, a um ajudante de supervisor. Posteriormente, foi promovido a supervisor de *Call Center*, cargo em que permaneceu por quatro anos e depois foi desligado. Passou a trabalhar para uma empresa de consultoria, em que "treinavam, recrutavam, selecionavam e treinavam os operadores para ingressarem nessa empresa". Guepardo foi contratado inicialmente como um tipo de *freelancer* e depois foi efetivado. Guepardo trabalhou em outras cidades e depois foi transferido para a área comercial da empresa: fazia visitas e "vendia" a parte do RH da empresa – a seleção –, mão de obra terceirizada. Da área comercial dessa agência, aos 22 anos, foi trabalhar em outra empresa vendendo tecnologia e permaneceu na área comercial por um ano e meio, período em que tirou certificações da área de Tecnologia da Informação (TI).

Guepardo concluiu o seu primeiro curso universitário enquanto trabalhou no *Call Center*. Essa empresa oferecia uma faculdade *in Company*, não havia muita opção e cursou Marketing. Apreciou o curso e acredita que foi uma boa experiência para ele. Trabalhou na área comercial da empresa vendendo no segmento de impressoras, sendo convidado em seguida para voltar a ser treinador no setor de treinamento e desenvolvimento. Foi trabalhar em outra cidade, em uma cooperativa de crédito, com educação voltada aos cooperados. Buscava ensinar os cooperados que eles tinham que participar das assembleias e dos congressos. Trabalhou por quatro anos nessa empresa, que também tinha projetos sociais voltados à educação, em que foi responsável por implementar uma metodologia de educação nas escolas municipais. Atuava em uma consultoria para empresas, montando toda a estrutura para o instrutor aplicar o treinamento. Viajava a trabalho e há cerca de um ano ingressou na empresa Falcão. Foi contratado inicialmente como analista de Recursos Humanos. Segundo contou, atuava em vários subsistemas, exceto o departamento de pessoal (treinamento, desenvolvimento, recrutamento e seleção, avaliação de desempenho, performance). Em agosto de 2018 foi promovido para supervisor de recursos humanos na empresa Falcão, tendo seis pessoas em cargos abaixo do seu e um Menor Aprendiz, seguindo em processo de desenvolvimento.

Guepardo ressente-se do distanciamento emocional existente entre seu pai e ele; do fato de seu pai tê-lo posto a trabalhar em uma lanchonete no período noturno em vez de apoiá-lo nos estudos; de estar casado desde 2011 e seu pai nunca o ter visitado em sua residência; e de seu pai não saber nem sequer onde Guepardo trabalha ou como evoluiu em sua trajetória de carreira. Procura continuadamente se desenvolver, contornando esses percalços. Realizou um curso de pós-graduação e mantém, até os dias atuais, amizades construídas nessa experiência. Contou que está sempre participando de treinamentos e de formações principalmente na cidade de São Paulo, quando convive com funcionários oriundos de multinacionais e de outros seguimentos, buscando entrar em contato com o que existe de novo e com o que o mercado esteja "praticando".

**Leoa** (fem.) – 44 anos, graduada como Tecnólogo Logístico, seu cargo na empresa é de assistente de gestão de sistema, com seis anos de permanência na empresa. Concedeu-nos entrevista em 04 de fevereiro de 2020, com duração de 30 minutos.

Histórico:

Os pais de Leoa são feirantes e ela trabalhou com eles em sua juventude. Aos 25 anos desejou conhecer outros trabalhos, nos quais se introduziu por meio da área de vendas. Considerou essa transição "maravilhosa", sentiu-se mais "aberta". Leoa mencionou a família como seu casulo, do qual teve que sair para lançar-se no mundo. Trabalhou por cinco anos em uma empresa de decoração, período em que acredita ter crescido muito. Leoa ponderou que trabalhar em empresa privada é cheio de regras. Comentou que trabalhar com os próprios pais era mais flexível, mas pensa ter sido bom "sair da barra da saia". Em seu segundo emprego, Leoa permaneceu por cinco anos e meio, quando migrou da área de vendas para a de logística, por volta de seus 30 anos. Desse emprego com vendas em uma loja que comercializa eletrodomésticos, móveis, itens de telefonia,

96    LUTO NA ORGANIZAÇÃO

entre outros, partiu para trabalhar na empresa Falcão (transporte de produtos químicos), em que se encontra já há seis anos, tendo iniciado no setor de manutenção (recursos operacionais), em que permaneceu por três a quatro anos e posteriormente se deslocou para o Setor de Segurança.

Leoa cursou o técnico em Nutrição, mas não se identificou com este campo do conhecimento e foi quando atuava na área de logística que ingressou na faculdade, no curso tecnológico de Logística. Leoa contou que gosta de trabalhar em grupo. Considerando-se o total de oito entrevistas realizadas, Leoa é a entrevistada de origem econômica mais humilde. Seus pais são feirantes e ela apresenta menor formação acadêmica em relação aos demais. Cabe considerar que reside em localidade próxima da cidade de São Paulo – Várzea Paulista – e não na metrópole paulistana. Concluiu o curso tecnológico de menor duração, enquanto os outros sete entrevistados realizaram cursos universitários na modalidade tradicional, com mais longa duração, sendo que quatro dos entrevistados são pós-graduados (50% do total dos oito indivíduos entrevistados). Leoa apresentou um pouco de dificuldade para se expressar no início da entrevista, com muitas interrupções em sua fala e com várias pausas no seu discurso, que causavam uma aparência de lentidão e ruptura do raciocínio em nossa conversa. Conforme foi deixando um discurso que negava a experiência do luto, ao tratar tudo como estando bem (vendo sempre os ganhos nas trocas de emprego, sem mencionar as perdas, mesmo quando demitida), e a expressão de pesar tomou o lugar, também foi se resolvendo o estilo mais simples de linguagem apresentado por ela. Inicialmente, com isso, se mostrou menos ágil na expressão verbal, no encadeamento do raciocínio e na fundamentação de suas afirmações, além de ter utilizado muito a contração do "não é" – "né" – revelando insegurança ao se expressar, como se precisasse de constante confirmação ou validação por parte da pesquisadora que a entrevistava. Quando passamos a conversar sobre o pesar no luto, engajou-se com mais segurança na conversa, mostrando-se mais desenvolta e habilidosa no diálogo.

## Nossos entrevistados e seus testemunhos

Solicitados a relatarem perdas mais significativas que sofreram no trabalho, muitos de nossos entrevistados mencionaram perda de cargo e até do próprio emprego. Erva-cidreira apontou perdas significativas que se relacionam a perdas de situações prazerosas:

> ... o meu momento de tipo, finalmente, me encontrei na vida, eu tinha prazer numa atividade, porque assim, a vida toda falei "vou ser secretária. . ." ... Eu tinha uma alegria, que eu ria o tempo inteiro, tanto que eu era a "garota sorriso" da Boldo, tinha gente que falava "nossa, mas você está sempre sorrindo. . .". Essa eu considero de todas as perdas a pior porque foi a primeira que eu tomei a coragem de assumir o que eu queria ser, e no meio do processo, acabou! É essa a sensação que eu tenho. (pausa) Essa é a pior, de longe. Acho que é até pior que perder o cabelo.

Em um dos empregos anteriores, Erva-cidreira foi acometida por queda intensa de cabelo, decorrente de estresse no trabalho, mas apontou como pior perder o prazer no trabalho e ter seus ideais interrompidos, o que experienciou com a perda do cargo de Secretária Júnior, logo após ela concluir, ao final do ano, a graduação de Secretariado.

Como Erva-cidreira, Mogno também mencionou ter sofrido queda de cabelo. Diante do estresse físico e psíquico pelos quais foi

98   LUTO NA ORGANIZAÇÃO

atingido no período de seu divórcio e desligamento da Eucalipto, Mogno teve padecimentos para além da pneumonia contraída. Refere-se a isso do seguinte modo:

> *A única coisa que... que eu percebo, éh... não sei se eu posso também estar enganado, mas... eu envelheci bastante neste período, os cabelos ficaram brancos, não... não... eu tinha um pouquinho, mas aí tive queda de cabelo e até hoje não recuperei, mas isso... Eu fiz quase o tempo todo, tive que fazer tratamento de queda de cabelo, porque como eu fiquei com a imunidade baixa, eu... eu precisei de colocar vitamina e já nasceu quase todos, né, mas ficou assim um buraco e aí não tem jeito mais...*

Temos Coelho, ainda, que mencionou ter desencadeado uma alopecia, por estresse, causando-lhe falhas na barba bem visíveis, as quais fez questão de mostrar na situação da entrevista concedida a esta pesquisa. Disse: "mas eu não acho que é fácil, eu acho que essas transições, essas perdas, ficam com a gente, é que a gente não percebe. Começa a olhar, aqui, óh, eu tenho um buraco na barba, eu tenho alopecia de estresse".

Múltiplas perdas ou apenas uma de muito impacto contribuem para sintomas decorrentes do estresse inerente a essas experiências. Para Mirra, perdas significativas começaram com a saída de um diretor que estava lá há 20 anos e que era muito benquisto. Mirra perdeu seu chefe:

> *... e o meu diretor que era Brasil, que ele já tinha 20 anos na época de empresa, ele acabou sendo demitido, então, acho que aí começou para mim a primeira grande perda,*

*assim, dentro da empresa, né, porque ele era muito que-
rido, não só por mim, mas por muita gente. . ." . . . um
profissional exemplar e uma pessoa muito humana, então assim, é uma pessoa que gostava muito de desenvolver pessoas, então todo mundo tinha muita admiração
por ele e foi realmente um choque assim tremendo, né,
ele ir embora. . .*

Embora a perda desse diretor tenha sido muito significativa
para Mirra, ela acredita ter ficado triste, mas não vivido um luto,
contudo, apontou o momento de sua demissão, após 39 anos de
permanência e dedicação à empresa Boldo, como sua perda mais
impactante. Acredita que foi nessa experiência que viveu um luto:

*É uma dor, mas era uma dor pelo outro, não. . . porque
pra mim o luto que eu vivi perdendo o meu emprego é
aquilo, não volta mais, acabou, não tem mais volta. O
sentimento que eu tive quando ele foi embora, talvez
até tenha passado isso na minha cabeça por ele, nossa,
acabou pra ele e não tem mais, tal, mas, não era o que
eu tava sentindo comigo, acabou, porque era uma pessoa que tava indo embora, mas que eu sabia que eu ia
continuar tendo contato, que eventualmente até poderia
voltar a trabalhar um dia juntos, ou onde eu estava, ou
onde ele fosse e tal, mas é diferente, eu acho que assim,
senti muito, fiquei muito, muito triste, assim, muito triste mesmo, mas acho que o sentimento, eu não sei se caracteriza como um luto, acho que não. No caso dele, né!*

Mirra informou que ficou triste com a perda do diretor que foi embora e fez uma distinção entre perda e luto. Acredita que a tristeza advinda de uma perda pode passar e ser reparada com uma retomada futura. O luto, no entanto, é percebido por ela como morte de algo que não volta mais, é da ordem do irreparável.

Nas entrevistas experimentais (piloto) realizadas em Várzea Paulista (60,7 km da cidade de SP), foi possível verificar outros achados: Leoa vivenciou um processo demissional de uma equipe de funcionários que contava com 25 indivíduos, com ela incluída. A empresa levou dois anos para ir gradualmente realizando os desligamentos dos funcionários, até que chegasse a vez de Leoa ser demitida, momento em que só havia restado afora ela, mais duas funcionárias. Entre a notícia de que o Setor seria terceirizado e o encerramento dos continuados desligamentos dos demissionários, Leoa experimentou muitas emoções. Contou:

> *Sempre tem aquele sentimento, meu Deus e agora, né? O que vai ser de mim? (ri) Né, a gente tem esse sentimento, né... o trabalho que eu gostava de fazer o que eu fazia, né...quando... Foram aí dois anos, né, que a gente sabia que ia acontecer, mas não sabia quando... Então foram dois anos que a gente tinha aquele sentimento que estava perdendo, mas tinha que se manter, manter firme, né, não dá pra abandonar o barco no meio do... no meio do mar, né! (risos)... É, não pode morrer (risos), né... Então, era... ah... esse sentimento de... aquele que estava ruim, né, que estava cheio de negatividade, você tinha que ir lá, ajudar, né, tal, pra... continuar. A hora que chegar a hora, vai ser a hora e pronto. (ri) Aí acaba... Óh... eu, assim eu fiquei bem em paz, né, bem tranquila. Eu... assim, eu*

*acredito em Deus, né, e sabia que Ele estava no controle,
né, eu pedia pra Ele tá, tá me ajudando, né, porque foi
Ele que me colocou ali, né. . . foi, ah, uma benção que Ele
me deu, me concedeu, né, e no momento que fosse, eu
iria sair, mas que eu pedia para que Ele me preparasse.
Chorei. . . chorei. . . (risos) desabei, quando chegou o dia,
mas é. . . é dessa. . . esse sentimento, né de "não vou estar
mais aqui", né. . .*

Leoa tolerou a espera pelo fim do emprego e chorou quando a
ocasião chegou. Como forma de defesa para suportar esse trajeto,
ocupou-se de ir se despedindo dos demais funcionários um por um,
por vezes dois em um só tempo. Gostava muito do trabalho que
fazia nesse setor da empresa e o futuro deixava-a insegura: "Meu
Deus e agora? Né, o que vai ser de mim?". Vivia muita apreensão.

Guepardo, por sua vez, lamenta-se até os dias atuais de não ter
tido a presença e colaboração de seu pai em sua formação profissional
e no desenvolvimento de sua carreira. Faltou-lhe apoio. Guepardo
associou a experiência de perda ao falecimento recente de sua avó e
falou em perda emocional relacionada à perda de apoio do próprio
pai, perda em vida. Afirmou que seu pai nunca esteve perto dele:

*Então todo esse processo, então do meu pai tendo em-
presa, meu pai tendo o negócio dele, a gente nunca conseguiu se conectar. Então, todo esse período, tudo que eu
fiz, foi sozinho, né, então, eu construí toda essa carreira, toda essa questão, sozinho. Então, eu nunca tive esse
apoio, né, então, eu acho que pra mim, o que eu sinto
assim, em termos de base, eu acho que faltou um pouco dessa base dele. Meu pai sempre foi um pai presente,*

*no sentido assim, éh, meus pais sempre foram casados, então meu pai sempre proveu pra gente lá o alimento, a moradia, enfim, mas meu pai nunca participou da minha vida... Então eu percebo que... essa perda, por assim dizer, meu pai é vivo até hoje, então, mas acho que faltou essa conexão, que talvez ele teria me ajudado ou não, mas acho que é uma coisa que faltou pra eu ter uma base pelo menos pra eu avaliar... Então, eu sou casado desde 2011 e meu pai nunca foi na minha casa, né, meu pai não sabe onde eu trabalho. Meu pai nunca soube onde eu trabalho, no que que eu me formei, é... o que eu fiz. Toda essa minha trajetória profissional ele não sabe de nada, nunca acompanhou e não é que meus pais são divorciados, cada um mora num lugar no Brasil, não, morando dentro de casa, né!... Então, acho que essa perda nesse sentido foi uma perda emocional, num vínculo que talvez poderia ter sido melhor.*

Guepardo acredita que se seu pai o tivesse ajudado, ele não teria trabalhado tanto na área operacional, mas sim mais "com a cabeça". Gostaria que seu pai o tivesse auxiliado a estudar e garantir uma carreira. Ressente-se que no lugar disso, o pai o pôs a trabalhar em uma lanchonete na frente de uma rodoviária, da meia noite às seis da manhã, em seus 14 anos, trabalho este em que utilizava a "parte física". Disse:

*E eu acho que esse assunto, ele impacta vários aspectos da minha vida, por mais que eu trabalhe para que isso não aconteça, né, que hoje meu trabalho é muito mais minimizar esses impactos do que outra coisa, né! Porque é meu pai, eu acho que deveria ter uma história. . . tem tudo pra ser diferente e não é, né, a gente não tem nenhum problema, meu pai é um cara super honesto, super trabalhador, né, é um cara, né, do bem, é bom falar, e eu também, só que por algum motivo a gente não se conecta, que pra mim acho que seria bom.*

Guepardo sente-se muito frustrado com essa condição de relação entre ele e o pai e apontou que percebeu que a frustração é de sua responsabilidade, entendendo-a como uma expectativa que ele mesmo gera e ela não é correspondida. Pensa que a saída é parar de gerar expectativa para não se frustrar e que, por isso, a culpa do que sente não pertence a seu pai. Com um pai ausente, acredita que tenha tomado outras figuras significativas por referência. Guepardo contou que conheceu sua esposa em 2007 e que seu sogro acabou por preencher esse lugar paternal e antes disso, os pais de amigos, fazendo esse papel de lhe oferecer suporte. Percebeu que acabou se saindo bem, mas ponderou que a não presença do pai poderia ter-lhe causado ainda mais consequências desfavoráveis ou que talvez apenas estivesse melhor tendo tido sua presença.

É possível levantar a hipótese de que reparatoriamente essa situação de carência tenha influenciado Guepardo direcionando-o a ser empático com outros funcionários no trabalho, pois desenvolveu um interesse grande por ser suporte para outros trabalhadores, ofertando supostamente o apoio que não pôde receber e esperava de seu pai. Em suas palavras:

*E eu sempre me comprometi, é um compromisso meu desenvolver as pessoas. Então, pra mim, o que é sucesso? Quando as pessoas alcançarem o sucesso delas. Se um colaborador meu se desenvolver, for promovido, crescer, pra mim é... esse é o resultado do meu trabalho. É o resultado factível, palpável. Mais do que números, mais que entregas, então eu tento sempre me reinventar pra poder ajudar as pessoas, nesse sentido. Porque como eu senti falta lá atrás de pessoas que me ajudaram, olha, quando eu for, vou ser diferente, para poder te fazer hoje. Então minha busca diária é para isso. Pra me desenvolver como pessoa, deixar nossos defeitos... claro que eles não podem... não vão deixar de existir, mas vão ser minimizados e que não marque tanto negativamente a vida das pessoas, você possa efetivamente contribuir. Que alguém lá na frente lembra, "olha, eu tive um supervisor, tive um gestor que foi legal para mim por isso, por isso, por isso", assim como lembro de alguns, né, e que eu não tenha... seja uma boa referência lá na frente e possa inspirar as pessoas e seja referência e credibilidade.*

Em seu papel como líder supervisor de recursos humanos, é evidente que dá ao outro funcionário o que sentiu falta no seu próprio percurso singular. Podemos inferir que ao desenvolver outro funcionário, de algum modo traz para si mesmo também a experiência colaborativa entre pessoas em assimetria, chefe x trabalhador, à semelhança de um pai profissional e um filho em desenvolvimento, afastando-o da sensação de abandono que carrega em seu mundo mental. A cada indivíduo que consegue auxiliar, renova esse tema dentro de si em tom satisfatório. Dar ao outro apoio não recebido parece tranquilizá-lo. Sua função nesse trabalho de desenvolver pessoas pode ter para ele, então, um sentido reparatório nas experiências de seu mundo interno.

# O processo de enlutamento concebido na ótica dos trabalhadores entrevistados

O conceito de luto para nossos entrevistados associa-se à morte de um ser humano ou de um animal querido, à interrupção dos laços, à perda e tristeza, aquilo que não tem mais volta, que se tinha no passado e faz falta, deixando lembranças e saudade:

**Quadro 2.** Conceito de luto para os indivíduos entrevistados

| | |
|---|---|
| Mirra | Para mim luto é uma perda que não tem volta, né! Perdeu, acabou. Nunca mais vai ser... ainda que eu, éhh, volte a trabalhar em outra empresa, que acho que não vai ser o caso, mas assim, ainda que eu voltasse a trabalhar em outra empresa, ahhh... eu tenho certeza que não seria mais a mesma coisa, aqui acabou, não volta mais, eu posso ter outros... outros times, pessoas muito boas, eu posso trabalhar numa empresa maravilhosa, mas não vai ser mais aquilo, aquilo já foi, passou, então pra mim é isso, luto é uma perda que não tem volta, né!... porque pra mim o luto que eu vivi perdendo o meu emprego é aquilo, não volta mais, acabou, não tem mais volta. |
| Erva-<br>-cidreira | Luto...(suspira) luto para mim é literalmente, associo muito luto com caixão, é uma situação de uma pessoa que tá ali, que você vai interromper os laços, que você vai cortar, você não vai mais fazer as trocas presenciais, e vai doer bastante, você vai sentir falta, até que essa dor amenize e você só tenha uma lembrança, uma lembrança, que no começo você chora, mas depois é só uma lembrança, talvez uma saudade, talvez só uma lembrança... mas é algo que você não tem mais, luto, tipo, você perdeu, você não tem mais, você... não tá no seu controle recuperar aquilo, não há o que você possa fazer, é pra mim um processo de... nome luto é isso, eu não consigo não associar com caixão, porque até as coisas do caixão, até o caixão vai embora, depois a terra, nem a terra tem mais, você não tem como salvar nada... |
| Mogno | O luto que eu conheço é relacionado à morte, né! ... É, o luto a gente associa sempre à morte do amigo que morreu, parente que morreu e você tá lá velando e você fica em luto depois que ele é enterrado, né! ... Eu nunca tinha usado esse termo pra um... pra área de trabalho, a profissional, sempre luto remete a gente à morte mesmo, morte física, né! |

| | |
|---|---|
| **Carvalho** | Luto eu acho, entendo como sendo, você perder algo que pode te trazer uma saudade. Sinto Saudade? Não sei se eu fui claro contigo. Perder algo ou alguém que você sofre nos primeiros dias ou primeiros meses com a perda daquele bem ou daquela pessoa ou daquele sonho, mas depois fica a saudade. Isso para mim é luto. |
| **Coelho** | Pra mim, luto é quando você. . . acontece alguma mudança, alguma transformação e você sente falta daquilo que você tinha no passado, de alguma forma, né, mas eu acho que é o sentimento de se. . . de sentir falta, éhh. . . que impacta na forma como você reage às coisas, ao mundo e a sua energia, eu acho que isso acaba sugando um pouco da sua energia, né, você consegue. . . eu acho que acaba te. . . eu acho que é um processo que faz parte. . . pra mim o luto, ele pode acontecer, desde de uma mudança profissional, até o término de um namoro . . . é o cachorro quando morre, acho que pode se refletir de diversas formas, mas isso te faz. . . te suga energia. Eu acho que você não consegue desempenhar o seu melhor potencial quando você sente luto, né! . . . ele aparece quando às vezes você se dá conta de que algumas coisas do outro lugar eram melhores, em alguns aspectos. |
| **Akita** | Eu acho que o luto corpo. . . principalmente na parte corporativa tem a ver com perdas mesmo, né! Eu acho que quando você perde o domínio de alguma coisa, você de certa forma vive um luto. Éh. . . com você, assim, né, você vive uma tristeza, uma sensação da perda, então, a cada momento que você não consegue emplacar alguma coisa que você acredita muito ou tem uma mudança grande, eu acho que no fundo você vive um luto, né, tem uma mudança é uma coisa que você não gostaria que mudasse, isso acontece o tempo todo, às vezes alguém que você precisa não ter mais na equipe, que você não gostaria, então, tem decisões que você precisa tomar que nem sempre é o que você gostaria, então, internamente, você vive um luto, sabe, pelas perdas de. . . de processos, pelas perdas de pessoas. Pra mim é assim, né, eu vivo alguns lutos assim, no. . . no meu meio, sempre vai ter um luto porque é muito, muito perde e ganha, né, no mundo corporativo, não é uma coisa assim que ela flui, é todo dia. . . ainda mais aqui, a gente tá assim, por exemplo, já tô mudando mais o foco de varejo, né! O varejo é uma loucura, né, você. . . tem mudanças diárias, o tempo todo, né, então, né, você vive alguns lutos, né! |

Entrevistas Piloto anteriores:

| | |
|---|---|
| **Guepardo** | O luto, eu acho quando... você perde alguma coisa, ou perde alguém, né, ou perde algum tipo de vínculo e você... e é irreversível. E você... sente falta daquilo, né, então aquilo tem uma importância pra você e você não consegue mais contar, né, então, e é uma coisa que não volta, e é uma coisa que "ah, vamos melhorar, vamos consertar", não, é uma coisa que é irreversível. E você sente que já foi, e aí você só fica com aquilo que poderia ter sido, que não foi, como seria se tivesse, ia ser diferente, eu entendo que luto é isso. E aí até o período de aceitação, é até você se reencaixar. Você fala, ok, agora como que eu vou me organizar com essa ausência e aí você vai aos poucos se estruturando. Sempre lembrando daquilo, mas você fala, eu vou ter que criar outros mecanismos para poder me proteger disso ou poder compensar de alguma forma. |
| **Leoa** | Bom, sentimento de tristeza, né, que aquilo acabou, que eu preciso... éh... éh... o luto é o que acabou, né, é uma tristeza vem, mas você sabe que você vai precisar seguir, que acabou aquele momento, mas a sua vida, ela continua, o que dá continuidade a isso. |

**Quadro 3.** Síntese do conceito de luto expresso pelos indivíduos entrevistados

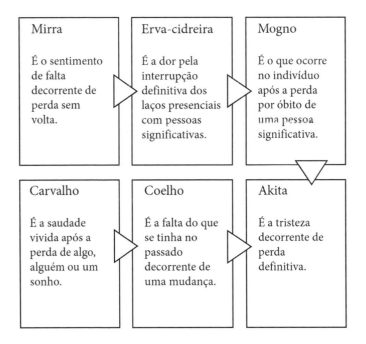

> Conclui-se que:
>
> Falta, tristeza, saudade ou dor, ocasionada por uma perda, corresponde ao sentimento de pesar geralmente encontrado em meio às definições de luto na literatura especializada nas áreas da Psicologia e Psicanálise.

Entrevistas Piloto anteriores caminham na mesma direção:

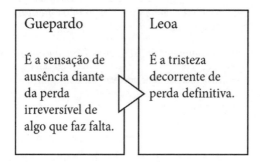

Tendo por base que o luto é uma reação à perda de alguém ou algo com o qual se mantém um investimento afetivo, foi possível observar entre nossos entrevistados que o conceito de luto caminha nessa mesma direção e associando o pesar à experiência da falta e da saudade. O luto é percebido, portanto, desencadeando-se a partir da ausência. Ele só ocorre porque o indivíduo encontrava-se vinculado a outro ou a algo. Como afirmou Parkes (2009, p. 11):

> *Para a maioria das pessoas, o amor é a fonte de prazer mais profunda na vida, ao passo que a perda daqueles que amamos é a mais profunda fonte de dor. Portanto, amor e perda são duas faces da mesma moeda. Não podemos ter um sem nos arriscar ao outro.*

Quando pensamos em processos de luto para além do óbito de uma pessoa amada ou mesmo por uma ruptura de vínculo amoroso entre indivíduos vivos, verificamos que os indivíduos nas Organizações investem amorosamente em projetos, fantasias de sucesso, metas almejadas. Assim revelou-se Akita ao mencionar que sofria perdas diárias. Considerando algumas de mais impacto que outras, afirmou:

> ...você tem um caminho que você vai fazer um projeto e aí você recebe "não, esse projeto não está aprovado"...Você criou toda uma expectativa e de repente vem a frustração e eu associo isso a um luto, né, que você fica um tempo ali tentando renascer. Resiliente, né!

Nas entrevistas experimentais (piloto), vimos que Leoa experimentou a perda de colegas de trabalho, que se transformaram em amigos, a quem ela teve que perder paulatinamente na convivência diária, no período de dois anos, quando seu setor de trabalho foi terceirizado. Guepardo, por sua vez, viu seu tempo no mundo passar tendo que conviver com a ausência de apoio de seu pai, seja na fase de seus estudos, seja na maturação do desenvolvimento de sua carreira, durante todo o seu ciclo de vida da adolescência à adultez. Um sentimento de perda e de pesar acompanharam-os constantemente.

## Sofrimento no trabalho relacionado ao enlutamento

O processo de enlutamento apareceu na fala de nossos entrevistados, em geral, relacionado à perda do próprio emprego ou de funções às quais o trabalhador encontrava-se com grande apego. Somente Guepardo (Entrevista Piloto/Experimental) mencionou como principal experiência de perda e enlutamento um fator externo ao ambiente de trabalho: o fato de seu pai não o ter apoiado em sua formação acadêmica e trajetória profissional. Menções a sentimento de tristeza por perda de uma chefia ou colega de trabalho também surgiram. Vejamos alguns casos.

## Erva-Cidreira e a perda do cargo de Secretária Jr:

Havia atingido sua meta de ser secretária, atuar na área em que havia se graduado, e celebrava muito a cada avanço de carreira que conquistava. Havia enfrentado a opinião de outras pessoas de que não precisava dessa graduação para ser secretária, similar ao que ocorreu com a dona da produtora de filmagem para quem trabalhou anteriormente, a qual lhe disse que faria faculdade para servir café e, ainda, que para trabalhar na produtora não precisava de curso de nível superior porque ela aprenderia na prática. Erva-cidreira mesmo assim seguiu seu caminho e foi estudar e afirmou que faria o curso de Secretariado nem que tivesse que servir café. Vejam que satisfação emanava:

> *Não tinha uma pessoa que não falava: "Nossa! essa menina está sempre rindo!". "Nossa olha o que. . .". Nossa, mas eu era muito feliz e não é isso mesmo? Não é para ser? Estava sempre rindo e nove meses depois surgiu uma vaga e me convidaram para participar do processo seletivo. Falei: "Nove meses de estágio, não vou me candidatar porque é muito cedo"; "Não, vai, vai ser bacana!"; E era para ser secretária da secretária do Presidente. Daí eu falei "ai, eu secretária!" (entonando animação), né, passei na vaga. Que glória! E que coisa, né, porque aí eu senti o peso de volta da responsabilidade, (ri), foram nove meses de trabalho como assistente da secretária*

*do Presidente. . . .o meu momento de tipo, finalmente, me encontrei na vida, eu tinha prazer numa atividade, porque assim, a vida toda falei: "Vou ser secretária".*

Erva-cidreira sofreu muito quando, em uma reestruturação, seu cargo foi extinto. Para não ser demitida e ficar sem emprego de imediato, foi deslocada para um novo cargo ao qual não tinha nenhuma formação anterior. Suspirou, emocionou-se, chorou, ao relatar esse episódio à pesquisadora. Estava atuando há nove meses na área de sua graduação em Secretariado Executivo, havia acabado de apresentar seu Trabalho de Conclusão de Curso (TCC) na faculdade, ao final do ano, e estava para colar grau no mês de março do ano subsequente. A notícia foi-lhe de grande impacto.

Erva-cidreira confundia-se com o próprio cargo no seu discurso à pesquisadora, mencionando não mais o cargo extinto, mas pessoas extintas:

*E aí. . . com o corte e o remanejamento de cadeiras, perdemos quatro posições, inclusive, foi nessa saída que a X. (pessoa que me apresentou a entrevistada) e mais três, secretárias muito competentes, e eu fomos extintas. (Assoa o nariz) Só que eles acharam uma posição que para mim como era (sic) nove meses de secretária Jr, assistente, né, administrativo (controlando a emoção), eles tentaram me realocar pra alguma área que precisasse, porque as demais secretárias tinham anos, muita experiência, não tinha como comparar e também tão pouco elas aceitariam, né, aí eu fui alocada para a área comercial como analista de licitação. . .*

Como profissional "extinta" precisou rapidamente se transformar em outra, que não sabia como ser. Contou que não tinha quem a treinasse e que tinha que se dividir entre múltiplas tarefas. Isso tudo foi vivenciado por ela como uma grande loucura:

> *Eu senti porque... essa foi assim de todas as perdas que eu já passei, não foram poucas, essa, eu ainda tô digerindo. Essa para mim tá pegando baaastante, porque além de não ser a minha área de formação, que eu finalmente tava na área, é como se eu falasse assim "e agora?; "o que que eu faço com licitação, o que é licitação?". O que... que eu estudei que eu posso empregar? Essa eu recebi assim... eu juro estou tentando ser grata a Deus, obrigada, estou empregada, e ao mesmo tempo que eu digo obrigada Deus eu tô empregada, eu me cobro porque assim, foi uma chance que eu tive, então eu me cobro porque eu tenho que aprender... mas não está sendo (assoa o nariz) tão fácil assim porque (assoa o nariz), além de eu não ter entrado na minha área ainda, eu tô tapando um buraco, então na verdade eu tô tendo que aprender duas áreas ao mesmo tempo. Porque para eu aprender essa área, eu tive que dividir meu tempo, mas alguém não lembrou que eu também não conhecia a área, atual que eu tô, que é a área comercial, que é totalmente diferente da presidência, que é atender força de vendas, Brasil... Então, meu cenário atual é... além de eu ter um volume, a presidência tem um volume de trabalho, que não é pouco, mas eu fui para uma área que tem um volume muito maior, insano, só que eu não tenho quem... quem*

> *treine, então ao mesmo tempo que eu tenho que apren-*
> *der o trabalho sozinha, eu tenho que entregar, e não só*
> *isso, eu tenho que dividir meu tempo porque eu tenho*
> *que aprender a área que eu efetivamente vou.*

Erva-cidreira não sabe mais quem ser, como se os alicerces em que erigia sua identidade tivessem ruído em areia movediça. É combativa, mas a urgência do bom desempenho e a sobrecarga a desorientam. É evidente que para ela não se trata apenas da perda de um cargo ou, até, da eminência da perda de um emprego, mas implica numa perda de identidade maior, é solicitada a ser quem não é, como caminho de salvação.

Com a perda do cargo, a "garota sorriso" da Boldo perdeu o chão e terminou "morta viva", como se descreveu ao conversarmos sobre o processo de luto:

> *. . .eu caí em algo que não tinha nada a ver e aí é como*
> *se eu tivesse perdido meu chão. . . Essa eu considero de to-*
> *das as perdas a pior porque foi a primeira que eu tomei*
> *a coragem de assumir o que eu queria ser, e no meio do*
> *processo, acabou! É essa a sensação que eu tenho. . . Acho*
> *que é até pior que perder o cabelo.*

Erva-cidreira riu, mexeu no próprio cabelo e disse que o cabelo, pelo jeito, crescia. Expressava, com isso, que a perda anterior ela tinha podido reparar, mas que esta lhe parecia irreparável, talvez porque tinha consciência de que se não aceitasse o outro cargo na nova área, seria desligada da empresa. Nessa ocasião, não vislumbrava que poderia ser possível conseguir outro emprego de secretária em um futuro próximo.

## Mirra e a perda do emprego na Boldo, em que estava contratada há 39 anos

Mirra foi demitida nas seguintes circunstâncias:

Preocupava-se que seu chefe pudesse ser demitido porque não estava tendo bons resultados e aconselhou-o a se inscrever em um café em que estariam outros Executivos do mercado, inclusive outros dois diretores que haviam saído da Boldo. Ele aceitou, ela o inscreveu, porém ele cancelou o café dizendo a ela que precisavam antecipar uma reunião que tinham marcado entre ele e Mirra. Suspeitou de algo estranho ao final do expediente porque outra secretária chamou-lhe para dizer que todas estavam convocadas a uma reunião às nove horas da manhã seguinte e também porque seu chefe havia falado com ela sem lhe olhar nos seus olhos. Mirra havia reservado uma sala para a reunião que teriam, porém recebeu uma mensagem de seu chefe para que se dirigisse ao RH e aí teve a certeza de que se tratava de seu desligamento.

Mirra encontrou seu chefe extremamente nervoso, segundo ela, que lhe entregou um envelope, dizendo que não tinha boas notícias para ela e desculpou-se por deixar a reunião com ela marcada na agenda. Seu chefe afirmou: "A companhia está passando por uma nova reestruturação e infelizmente você está sendo demitida". Mirra perguntou-lhe o porquê estava sendo demitida, o que havia aconteci-do, ao que ele lhe respondeu: "Não tem motivo". Seu chefe lhe pediu desculpas por diversas vezes e comunicou que a demissão já havia vindo pronta do RH. Com poucas explicações, rapidamente teve que assinar um documento de demissão por solicitação do RH, de que não obteve cópia imediata, mas pôde fazer uma foto dele com a aquiescência do seu chefe. Acabou, porém, sem a cópia do documento que assinou, já que precisou entregar de pronto o celular da empresa que estava sob seu usufruto e nele é que tinham sido feitos os *prints*.

Recebeu um *pendrive* para fazer cópias dos arquivos que desejasse e a partir dali permaneceu acompanhada por uma estagiária do RH que a seguiu para pegar seus pertences. Por suspeitar que seria demitida (diante do fato de que todas as secretárias haviam sido chamadas, no dia anterior, por seus chefes a uma reunião), havia levado um HD para fazer *back up* de seus arquivos, mas na tensão não o fez e no momento da demissão também não o fez, apesar de ter um *pendrive* que lhe foi disponibilizado pelo próprio RH, além do HD que havia levado consigo naquele dia.

Como Mirra insistiu em perguntar ao chefe sobre o critério para escolher quem se desligaria e quem ficaria da equipe das secretárias, ele apenas lhe respondeu com uma frase, que permaneceu em sua mente por bastante tempo depois: "Um dia fora daqui a gente vai tomar um café, vai almoçar, e aí a gente pode conversar sobre isso". Mirra acabou por concordar com o "café" postergado e lhe respondeu: "Tá bom!". Seu outro chefe entrou na sala e lhe perguntou como ela estava, ao que ela respondeu: "Eu estou triste, né, porque eu não estou entendendo, não entendi o que aconteceu". O outro chefe argumentou: "Não tem, realmente não tem, essas coisas de reestruturação de empresa". E Mirra deixou muito claro que só queria entender o critério e dizia que isso para ela era importante. Seu chefe, contudo, respondia-lhe: "Não tem, não tem o que dizer" . . . "não tem nem o que dizer. . ." . . . "Eu sei que é difícil, mas assim, em momento algum deixa passar pela sua cabeça que você não é competente". Mas Mirra insistia em saber em que havia errado, apesar de que lhe foi perguntado se era aposentada, o que abria uma brecha a entender que talvez para o RH tivesse sido o fato de já ser aposentada, o que não achava relevante, pois defendia que os aposentados ganham muito pouco e precisam complementar a renda trabalhando. A partir desse momento, Mirra foi convidada a cuidar de seus pertences. Vejamos sua própria descrição do episódio ocorrido:

. . . e aí eu não sei, eu não consigo pensar em nada agora, agora não sei como vai ser depois. E aí foi, aí aquela pressão, aí veio a moça do RH, aí ela falou, ela me deu um pendrive e falou assim: "olha aqui está um pendrive para você salvar os seus arquivos, fique à vontade, use o tempo que você quiser". E veio e me abraçou e tal, ela falou: "Se você quiser circular para se despedir das pessoas e tal. . .". Mas assim, aí um menino já tinha recolhido o meu crachá, eu não tinha mais crachá, eu já tive que devolver o celular, ainda perguntei, falei: "Eu posso ficar com esse celular até amanhã, para ter tempo de comprar outro e transferir?". "Não, não pode, tem que devolver hoje, o celular, o computador". Então, eu comecei, pus o pendrive, mas sabe quando você está tão assim, eu nem sabia onde buscar os meus arquivos para salvar, então, eu tinha muitas fotos, de eventos, né, ao longo desses anos, de eventos assim que a gente tinha feito, da empresa, de confraternizações e comemorações e eu perdi todas as fotos, porque eu não consegui, eu acabei salvando alguns documentos só e, enfim, aí também. . . aí ficava. . . colocaram uma estagiária lá do RH para me acompanhar e a menina ficava: "Você já terminou? Você já terminou?". Então era uma pressão e você está completamente abalada emocionalmente e você fica. . . até então eu tava bem, não tinha chorado, tava me segurando e aí foi indo, dali eu fui fazer o demissional, né, no ambulatório, e o médico da empresa já é uma pessoa também de mais de 25 anos e conhecia. . .

O médico no ambulatório também revelou grande surpresa com a demissão de Mirra e procurou ajudá-la. Sobre ele, Mirra disse:

> *E aí ok, aí eu saí de lá e fui para o ambulatório, aí quando fui, entrei, né, fazer o demissional, o médico virou para mim e falou: "Nossa, eu tô até agora assim, não tô acreditando". Normalmente ele também sabe antes, né, porque já tem todo... a gente sabe que tem todo um processo e as pessoas que são envolvidas. Só que acho como também ele tem muito tempo de empresa, me conhecia muito bem, nem ele foi informado porque ele tava numa reunião em Campinas, pediram para ele voltar, daí quando ele chegou na empresa é que ele soube, as pessoas, né, que tavam saindo e aí ali que eu soube que... quem mais estava saindo além de mim e tal, enfim. Aí dali eu fui, passei na área de ITS para devolver, então, o computador e o celular e de lá eu tinha que voltar lá no meu andar pra esvaziar o meu armário, pegar as minhas coisas e essa acho que a parte pior, né porque... aí você já tá meio assim abalado, você tá naquela coisa e as pessoas vêm e aí começam a te perguntar: "O que aconteceu?".*

Incomodada em estar sendo acompanhada permanentemente pela estagiária, também não se despediu de outras pessoas. Controlou-se para não chorar. Sentiu a demissão como repentina e como uma surpresa: "Na verdade, em nenhum momento eu fui sinalizada". Em um só episódio, Mirra teve que dar adeus a dois chefes, às colegas de trabalho, ao seu ambiente físico de trabalho, o que incluiu a entrega do celular e computador, passar por exame médico e estava na rua, quando pôde chorar em seu carro e tinha que dirigir e estava sem celular para fazer contato com seu marido ou outra figura significativa. Acrescido o fato de que depois de 39 anos, tinha uma estagiária do RH colada nela acompanhando seus movimentos. Nada podia devolver no dia seguinte, pois era a rígida regra ou, quem sabe, manifestação de desconfiança na partida. Pôde ao menos ter a companhia de duas amigas na empresa que a acompanharam até o carro e choraram juntas e se abraçaram, pois, uma delas estava na empresa há 25 anos, então se tratava de relacionamento duradouro. Ficou um tempo no carro chorando no estacionamento, para que não chegasse em sua casa chorando. Havia pedido para uma amiga avisar seu marido de que estava sem celular caso a família a procurasse.

## Mogno descartado da empresa sem qualquer compaixão

Mogno descreveu como sua perda mais significativa ter sido demitido da Eucalipto, pela diretora do setor de Recursos Humanos. Pelo que compreendeu, ela o fez no intuito de poder formar sua equipe conforme o seu estilo, fato que Mogno confirmou para si mesmo, no futuro, por ocasião em que ela própria se demitiu e levou consigo vários funcionários da empresa para outra empresa em que foi contratada. Sua gestora justificou sua demissão dizendo que Mogno fazia "corpo mole". Mogno, contudo, estava acometido por uma pneumonia e dispunha de um atestado médico que não havia ainda apresentado à empresa Eucalipto. Sentiu como se, após 15 anos de dedicação à empresa, fosse ejetado dela saindo "pela porta dos fundos". Na chegada à empresa, foi impedido de subir para a sua sala, o que tornou o evento ainda mais traumático para ele:

> ...a mais traumática foi quando a... essa pessoa chegou, me colocou numa sala, que eu não pude entrar, pegar... eu

*só pude entrar depois, pegar as minhas coisas mesmo, que eu já tava indo embora. Essa foi traumática, porque assim, eu me senti. . . eu falei para o X, que era o presidente, eu. . . eu nunca fiz nada que me desabonasse, e eu estou saindo pela porta do fundo, eu não podia entrar na tua empresa, que você, né a gente chamava ele de você também, que ele odiava chamar de senhor, ele tem 70 anos hoje, que o senhor como presidente sempre tava do nosso lado. Não entendi por que a Y fez isso, né. . .*

Mogno passava, na época, por dificuldades sérias na sua vida pessoal. Havia se divorciado e estava em busca de se adaptar ao novo contexto de vida, em que havia deixado de morar com suas duas filhas. Chegou até mesmo a se confundir ao relatar a experiência: ". . . eu tava passando um momento ruim assim na minha vida, de separação, não tinha mais filhos e. . . não tinha não, não via mais as minhas filhas e tal".

Segundo contou, entrou em depressão e estava até aquele momento "angustiado" quando falava sobre isso, pois ficou "mal mesmo naquela época". Buscou conversar com o presidente da Eucalipto, que lhe ofereceu ajuda, porém sem interferir na demissão já ocorrida. Embora Mogno tenha rapidamente encontrado outro emprego em uma multinacional, com a ajuda de um amigo, dispensando a ajuda do presidente da Eucalipto, reteve essa experiência com intensidade de grande dor. Afirmou que sua mágoa não foi com a empresa Eucalipto, mas com a pessoa da gestora que o demitiu. Tirou, a conselho do amigo, quinze dias para se recuperar fisicamente, antes de dar início ao novo emprego. Demorou a se refazer das duas fortes perdas – casamento e emprego –, tendo perdido 20 quilos nesse período. Passou por outras experiências de trabalho e voltou a trabalhar na Eucalipto após aproximadamente três anos.

## Carvalho e a despedida de um sonho e de vínculos no trabalho

Carvalho estudou por muitos anos para realizar concurso para a vaga de juiz na Justiça do Trabalho e, após vivenciar dois processos de *coach*, concluiu que não mais queria seguir com o projeto, por acreditar que estaria dedicado a tarefas repetitivas, uma vez que os casos que julgaria estariam circunscritos a um universo restrito. Esse foi o fim de um sonho. Entendeu que podia buscar em outro lugar, a segurança financeira que almejava, por meio de uma boa remuneração. Conhecendo-se mais, percebeu que gosta de ser desafiado e de estar sempre aprendendo elementos novos e, por isso, passou a buscar melhores posições na empresa privada. Mas foi nela, que viveu suas perdas mais significativas.

Em uma reestruturação, que nesse momento não se refere à onda de demissões, como foi mais comumente associada entre nossos entrevistados, mas referiu-se à uma mudança interna em que o departamento jurídico da Eucalipto passou a ficar subordinado à diretoria financeira. Carvalho que se reportava à CEO da empresa, a presidente, passou a se reportar ao novo CFO (diretor financeiro), que lhe procurou e disse que a partir daquele momento ele iria assumir a área de Carvalho e que eles trabalhariam juntos. Carvalho assim se expressou:

> *Naquele dia eu fiquei tão mal, eu me senti tão desrespeitado, não por ele, por ela, então falei assim: "Mas por que que ela não veio conversar comigo?". Eu teria feito essa transição. Eu fiquei mal por um mês, por ela não ter vindo falar, sabe, ficar sofrendo... depois eu falei "Ah, quer saber?". Ela nem tá ligando para isso, a mulher tá pensando macro no negócio. Eu tenho duas possibilidades: continuar chateado e reduzir aqui o meu nível de*

*entregas, porque eu não estou entregando com paixão, ou ir mostrar para essa nova diretoria que efetivamente eu sou um bom profissional. E aí eu resolvi o caminho dois, ir motivando a equipe, entregando, e aí nós fomos nos conhecendo, e aí ele foi pegando confiança em mim, eu fui pegando confiança nele, um começou a admirar o outro, éhh. . . ele me questionar de algum assunto, parecer que eu desse ele assinar embaixo, você levar um contrato para ele assinar e. . . "Você leu?". "Eu li". Assina sem ter que ler todas as cláusulas. Isso é confiança mútua.*

Carvalho passou a fazer seu trabalho com satisfação e a se sentir respeitado e valorizado. Superou a sensação de perda e adaptou-se a uma nova realidade, revelando resiliência, capacidade de superação.

Outra perda significativa que ocorreu para ele relaciona-se à perda de um chefe, de um líder e da "forma de credibilidade" que ele tinha em Carvalho. O chefe a que estava apegado e com quem tinha longa trajetória construída, segundo Carvalho, sempre desafiou suas lideranças a crescerem e entregava projetos a serem desbravados em parceria a ele e em confiança. Carvalho já estava acostumado a esse tipo de rotina com o chefe e com a história daquele vínculo. O chefe saiu um ano antes da nossa entrevista e Carvalho encontrava-se cultivando um relacionamento com o novo chefe:

*. . . é um cara superinteligente, eu admiro bastante, mas são perfis diferentes, que ele ainda está se adaptando . . . essa questão de adaptação, confiança, acontecer leva alguns meses e a gente tem que ter paciência, eu tenho que fazer a minha parte, em trazer para meu novo líder, o quê?*

> *A mesma bagagem e instrumentalizá-los. . . instrumentali-*
> *zá-lo de informações que ele consiga tomar decisões de*
> *uma forma segura, porque ele é um excelente profissio-*
> *nal também. Mas ainda tá conquistando a confiança da*
> *equipe, das pessoas e dos seus próprios pares, isso a gente*
> *tem que entender, mas eu gosto bastante dele também.*

O mesmo ocorreu com outra gestora com quem ele atuou, que se afastou por uma licença gestante e Carvalho viu-se sozinho. Grande parte do tempo, Carvalho contou como ele era movido a novidade, curiosidade, possibilidade de aprender, de gerar mais conhecimento. Não mediu esforços, foi bastante empreendedor no sentido de que se precisava trabalhar, ele trabalhava, se empenhava, se cansava, mas estava feliz porque ele tinha algo que queria conquistar. Foi muito atrás de conhecimento, de aprender novas práticas, desbravou do zero algumas áreas e nesse percurso parece que enquanto ele podia aprender, estar com pessoas, ele considerava as atividades produtivas, tinha confiança nele e no ambiente, estava tudo prazeroso. Ficava desprazeroso para ele quando se sentia sozinho. Com esse tipo de prejuízo ele fica mais desanimado no trabalho. Para atender à sua forte necessidade de ser desafiado, precisa ter um vínculo no qual possa trocar experiência, estabelecer parceria, ser reconhecido por galgar mais espaços com produtividade. Carvalho realmente espera ser estimulado por sua liderança:

> *Imagine que eu tenha subido três degraus da escala,*
> *para subir para o quarto, então a chegada desse novo*
> *CFO, de novo é o perfil dele, eu sinto que eu desci, re-*
> *gredi dois degraus da escala. Por exemplo, não, você tem*
> *competência para me trazer informações da área jurí-*
> *dica. Na área de controles internos e compliance eu sou*

*melhor que você. Me desenvooolva! Compartilhe comigo as suas experiências! É isso que eu espero! Eu tô fazendo a minha parte. Eu faço cursos, já fiz três cursos por conta própria, de controles internos. Então eu não tô falando besteira sobre o assunto. Tô em busca de outro curso, tudo por minha conta.*

As perdas de Carvalho estão relacionadas, portanto, aos momentos em que ele se sente mais sozinho ou mais inoperante ou exercendo uma atividade que já ficou mais conhecida e aí ele passa a desejar algo novo. Carvalho denominou como perda mais significativa, a "perda de oportunidade". Ressente-se de ter perdido a oportunidade de aprender melhor o inglês nos dez anos em que dirigiu seus esforços para estudar para o concurso para a vaga de juiz do trabalho. Entende que ninguém é eterno, vitalício em um emprego, e tem a percepção da transitoriedade da vida profissional e acredita que a falta de um inglês fluente lhe fecha portas. Mencionou que os *headhunters* o acham e que os amigos também o indicam, além de que ele encontra vagas, mas quando se depara com uma empresa multinacional em busca de um diretor jurídico em *compliance*; ou só diretoria jurídica; ou só diretoria em *compliance*; é preciso ter inglês fluente obrigatório para conversação. Fica pesaroso com isso e considera ser sua a ineficiência.

Vimos, então, que Carvalho apontou quatro perdas significativas para ele sofridas durante seus anos de trabalho na Eucalipto: perda do sonho de ser juiz; perda da oportunidade de utilizar o tempo para o aprimoramento da língua inglesa; perda de seu diretor, quando ele se demitiu; e perda de parceira de trabalho, em função de gestação da colega de trabalho.

## Coelho sofreu ao não ter sido efetivado após período de estágio, por falta de vaga

Coelho mencionou que já teve "milhões" de perdas e como perda principal apontou a época em que foi estagiário e em que não encontrou oportunidade de ser efetivado no cargo. Naquele momento, aquela era a empresa em que ele queria estar e lhe foi muito difícil ter que sair desse trabalho. Além disso, ficou muito aflito, segundo contou, pela preocupação com a sua subsistência e de sua família, pois os pais tinham restrições financeiras. Referiu uma sensação de falta de controle. Quanto a isso, expressou: "Eu fiquei muito aflito. Eu fiquei com medo mesmo. Essa foi a minha experiência". Atribuiu o medo a ser recém-formado. Sentiu-se muito confortado pelas suas chefes naquela ocasião e por seus colegas e acredita que nas transições pelas quais passou em sua trajetória no mundo do trabalho, que conseguiu manter o contato com as pessoas que realmente tinham valor para ele. Ser valorizado e receber o carinho dos demais teriam funcionado como remédio restaurador do dano sofrido. Coelho não considera que a dor da despedida de locais de trabalho se relacionam à perda de contato humano, já que este pode ser mantido no pós-emprego. Afirmou que sente saudades de colegas de trabalho, mas que o carinho fica, mesmo que a comunicação com essas pessoas diminua.

### Akita e a interrupção de sua carreira em São Paulo

Akita considerou sua transição São Paulo – Rio de Janeiro uma grande perda. Mencionou que estava bem estabilizada profissionalmente, já há 18 anos na empresa, tendo domínio do conteúdo e tendo reconhecimento como profissional. Havia recebido vários prêmios no trabalho, inclusive referentes a RH. "Tive que abandonar isso para recomeçar a minha trajetória", afirmou. Saiu de uma posição de gerente para uma de coordenação. Teve que largar o que havia reconstruído e recomeçar, para cuidar de um familiar, gerando o que acredita ser "um *gap* de reposicionamento". Ao deixar a cidade de São Paulo, disse à amiga: "Eu vou voltar". Foi o que ocorreu.

## Guepardo e a falta de apoio paterno em seus estudos e percurso de carreira acrescidos da perda de um emprego ao qual estava muito vinculado

O pai de Guepardo incentivou-o a trabalhar para obter seu próprio dinheiro desde muito cedo – na infância e adolescência –, como vimos, em detrimento de dedicar-se aos estudos, tendo ele tido que lutar por si mesmo para realizar o curso universitário e investimentos em sua carreira.

Guepardo tem um irmão e uma irmã mais novos e percebe um tratamento diferenciado ofertado pelo seu pai a esse irmão. Apoiou-o nos estudos, com disposição a lhe pagar um curso universitário, enquanto à sua irmã ele lhe dirige o mesmo tratamento que foi dado a Guepardo. A irmã ressente-se da falta de suporte por parte desse pai. Guepardo identifica-se com seu sofrimento e busca aconselhá-la, porém em vão, pois ela preserva a indignação e a tristeza diante desse fato. Sua irmã mora ainda na residência de seus pais e quando Guepardo busca conversar com ela sobre esses temas, sente-se diante de uma réplica de sua própria vida, segundo contou, pois encontra as mesmas reclamações e dores. Vê-se nela porque percebe que o tratamento que seu pai dirige a ela corresponde ao mesmo que ele recebia de seu pai. Afirma: "Então, acho que essa perda nesse sentido foi uma perda emocional, num vínculo que talvez poderia ter sido melhor".

Para Guepardo, a falta de presença colaborativa e dedicada de seu pai no apoio à sua escolarização e profissionalização foi sentida por ele a estilo de uma perda forte e como se um "alicerce" na vida tivesse lhe faltado. Não pôde compartilhar suas experiências com o pai, receber sua orientação ou apenas estar próximo. Apesar de seu pai estar vivo, sentiu isto como se fosse uma morte. Afirmou que sente mágoa e que o fato de ficar remoendo essa condição, faz com que considere essa uma experiência igual a "você perder alguém que você não consegue reverter". Em suas próprias palavras:

> ... eu acho que isso fez parte da minha carreira profissional porque hoje eu vejo que pessoas que tem uma base diferente, que conseguem por exemplo se direcionar para estudar, conseguem ter um suporte inicial, eu acho que isso influencia diretamente no trabalho, na carreira, no como a pessoa vai se desenvolver. Então, eu tive caminhos tortuosos, caminhos talvez... um pouco, porque eu tive que ir me estruturando, construindo as coisas de uma forma irregular, como dava, não de uma forma, com aquela base, não, sobe que eu vou te dar o suporte aqui, então, tive que fazer alguns caminhos que se eu tivesse lá trás esse projeto, esse trabalho, talvez eu teria oportunidades diferentes. Eu não fico... eu tomo muito cuidado em falar isso porque eu não quero responsabilizá-lo, porque eu acho que a responsabilidade é minha, mas eu acho que ele teve, ele tem um papel e tem realmente importância nesse processo, né, talvez ele estaria dando um outro suporte. É exatamente o que eu vejo com minha irmã hoje. Ela pediu para ele ajudar a pagar a Faculdade, ele não ajudou, falou tipo ah assim "se vira" e meu irmão nunca quis estudar e ele falou "não, estuda que eu pago", então, eu acho que esse processo, né,

*pensando hoje onde eu tô. . . talvez que outro caminho eu teria seguido, eu não sei.*

Nessa direção, Guepardo parece portar uma ferida aberta, com a qual se debate, mas procura acreditar que houve superação, consolando-se em acreditar que também não sabe como teria sido seu caminho se o apoio desejado tivesse acontecido. Carrega consigo, porém, um forte desejo de normalizar a convivência com seu pai. Ao responder sobre como imaginava uma relação melhor com seu pai, respondeu:

*Um frequentar a vida do outro, estar presente na minha vida, ir em casa, frequentar, eu aproveitar lá também a casa dele. Então, essas questões, uma relação de pai e filho, que o pai pudesse falar as coisas pro filho, que o filho pudesse falar as coisas pro pai. . . . Convivência nada excepcional. No começo você pensa uma convivência saudável entre um pai e um filho, é o que eu gostaria de ter.*

Guepardo mencionou outra experiência de impacto, esta já relacionada diretamente ao engajamento em um emprego, quando seu setor foi extinto e ele teve que se desligar da empresa. Estava muito bem na atividade laboral e sentiu profundo pesar em ter que deixá-la. Vejamos em suas próprias palavras:

*Acho que foi a minha identificação com aquelas pessoas, com aquele trabalho, com aquela. . . aquela situação, né! A vida que eu levava e a maneira como era conduzido que me fazia muito bem, né, pelas pessoas, pelo ambiente, por eu finalmente ter encontrado algo que fazia sentido pra mim, porque, por mais que. . . eu sempre me*

*dediquei, eu sempre gostei do meu trabalho, mas primei-*
*ro o trabalho, ah, eu vim aqui trabalhar, ganhar o meu*
*dinheiro e beleza, eu não tinha me envolvido e lá não,*
*lá me envolvi com a causa, com a empresa, com as pes-*
*soas que estavam lá, então, acho que foi por isso que eu*
*queria continuar com aquilo.*

Apesar de Guepardo ter entrado em um sofrimento intenso pela perda de seu trabalho nessa empresa, e ter se debatido por cinco a seis meses tentando recuperar uma colocação nela, pedindo a colegas de trabalho de outros setores a oportunidade de uma nova vaga, ele não reconheceu ter passado por um processo de luto nessa experiência, o que conduziu esta pesquisadora a hipotetizar que se trata de um luto não identificado por ele. Essa experiência, contudo, foi descrita carregada da qualidade vivencial de um enlutamento, o que focalizaremos à frente neste texto.

### Leoa e sua demissão por terceirização do setor:

Leoa não se sentiu sempre pesarosa nas transições de emprego, pois tendia a percebê-las como experiências em que estava sempre crescendo. Sua primeira transição ocorreu com a saída do trabalho da família (auxiliava os pais em feira) para o mundo fora do trabalho. Descreveu boas sensações em relação a esse momento:

*Era muito fechada, né, então essa transição foi assim*
*maravilhosa. Que a gente adquiri assim experiências,*
*né, muito, muito relevantes, pra nossa vida, né, porque*
*a gente sabe que... quando a gente sai... sai para o mun-*
*do, né, não é a mesma coisa de estar, né, dentro lá do*

*casulo, né, você vai conhecer coisas novas. Então assim, foi muito bom, uma sensação muito boa.*

A segunda transição, quando saiu de vendas para a área de logística na outra empresa, foi vivida como uma mudança "drástica", mas Leoa queria "abrir mais o leque":

> *Aí quando eu tive a transição, né, da. . . de vendas para logística, foi um. . . assim um alívio, porque eu já tava cansada de vendas, eu falei, não quero mais saber de vendas, eu não quero mais trabalhar com vendas, né, eu quero buscar outras coisas e. . . eu gosto de trabalhar em grupo, né, essa experiência na Logística, assim, foi muito, muito boa também, foi maravilhosa, conheci muita coisa, né, e. . . quando eu saí de lá, assim, eu tive. . . eu tive o sentimento assim de perda, né, há esse sentimento de perda, mas eu queria buscar coisas relacionada (sic) a isso, né! Ao que. . . ao que estava ficando para trás, né, e continuar a etapa, porque a gente não pode parar, né. . .*

A experiência na área de logística foi considerada por Leoa como muito boa, mas foi demitida e queria buscar coisas novas nessa área. Leoa foi admitida na empresa Falcão. Apesar de já recolocada em emprego, guardou em si o pesar da experiência de desligamento na terceirização, pois perdurou por dois anos em que teve que ver seus pares sendo demitidos e aguardar a sua vez para o desligamento, que ocorreu quando de 25 funcionários restavam apenas ela e mais duas funcionárias.

Segue na sequência resumo dos tipos de perdas encontradas entre nossos entrevistados:

130  LUTO NA ORGANIZAÇÃO

**Quadro 4.** Tipos de perdas apontadas pelos indivíduos entrevistados como mais importantes

| | |
|---|---|
| **Erva-cidreira** | Extinção de seu cargo de secretária. |
| **Mirra** | Demissão após 39 anos na empresa. |
| **Mogno** | Demissão inesperada. |
| **Carvalho** | Perdas (de sonho e de um chefe). |
| **Coelho** | Não foi efetivado no estágio. |
| **Akita** | Volta atrás na evolução de carreira (retorno à cidade natal). |

Entrevistas Piloto anteriores:

| | |
|---|---|
| **Guepardo** | Ausência do apoio paterno na sua formação e evolução de carreira.<br>+<br>Demissão (encerramento do setor). |
| **Leoa** | Demissão e perda do convívio com amigos no trabalho. |

## *Etapas vivenciadas no processo de luto por esses trabalhadores*

Procuramos compreender a evolução do luto e as fases pelas quais passaram nossos entrevistados após perda significativa. Vejamos, inicialmente, como nossos entrevistados descreveram a evolução das fases do luto pelo qual passaram após perdas significativas, para na sequência, pensarmos se estas descrições podem ser correlacionadas com as fases do luto propostas por três grandes estudiosos do processo de luto: Bowlby (1985), Kübler-Ross (1977) e Parkes (1998).

## Erva-Cidreira

*Fase 1 – Ambivalência: negação e defesa x sentimento de pesar*

Erva-cidreira mudou de área porque tinha sido comunicada que seria desligada se não aceitasse o novo cargo, na nova área. Disse que sempre tenta não pensar na situação, já que os processos na empresa são muito corridos, por ser o tipo de pessoa que sente fisicamente:

> . . . *parece que eu tenho dor física, de tanto que eu penso no negócio, então eu tenho um processo que eu bloqueio, porque eu preciso. . . a vida precisa seguir, e eu de alguma forma tenho que me manter emprega. . . empregável., né, no caso, (chorosa, assoa o nariz) então eu. . . eu guardo muitas coisas e eu tento não pensar, mas é uma coisa que sempre volta, né, na mente, vire e mexe, sei lá, eu tô. . . do nada vem na minha mente, tipo "e aí, né!". O que que você vai fazer com seu momento atual? Eu fiquei bem triste de não ter mais o meu cargo e juro que eu estou tentando dar uma virada para aprender em uma nova área, porque as pessoas que estão comigo agora, é como se você reaprendesse a andar, porque é uma área nova, pessoas novas. . . (assoa o nariz).*

## Fase 2 – Busca por adaptação à nova realidade

*Tem o processo da área te aceitar também, né, porque tipo, da mesma forma que foi imposto para mim, para eles também, você não sabe se de verdade eles queriam alguém que você não conhece para trabalhar. "Ah! Lá vem essa menina que veio da presidência aqui, o que ela está fazendo aqui?". "Será que a gente não vai poder falar as coisas porque ela vai contar para a presidência?". Então, meio que. . . eu tento ser neutra, porque querendo ou não, eu tô chegando agora. Eu acho que assim. . . a gente tem que ser humilde, né, o que me manteve aqui foi a minha humildade, porque se eu fosse uma pessoa sem noção, que se eu usasse o cargo que eu tinha para ser arrogante com as pessoas, eu ia mudar de área, mas aí como eu ia ficar perante toda a empresa, né, tem isso também, agora falar: "Ah! Mas agora você não está mais no Olimpo!". Tem isso, esses papinhos também, né, que ser humano é um bicho estranho, né. Então, eu chego na minha, tentando como sempre não incomodar as pessoas, mas ao mesmo tempo dando espaço para ver quem elas são também. Então, no meu novo ambiente, eu não tenho mais o meu ambiente de alegria e cumplicidade que eu tinha com as minhas nove chefes, ou com a minha chefe que era a secretária do presidente, que a gente passava uns perrengue nervoso (sic) com o presidente, mas a gente sempre chorava as pitanga juntos, né, quem não tem problema? E na minha nova área tem que reaprender até quem são as pessoas com quem eu estou trabalhando.*

Erva-cidreira entende nesse momento que precisava conquistar as pessoas e que não está em seu controle a percepção que os demais funcionários teriam dela.

*Fase 3 – Acionar o gatilho da sobrevivência e virar-se por si mesma*

Erva-cidreira contou que perdeu quatro das suas nove chefes secretárias, com quem gostava muito de conviver e sentia-se acolhida e segura. Mudando de cargo, parece perder as outras cinco também, já que mesmo que se encontrem, já não seria mais no mesmo tipo de relação, consegue almoçar com alguma delas, uma vez por semana, mas sente que não é o mesmo. Na nova função, mudou de andar no prédio da empresa e já não se sentam mais juntas. Ressente-se de ter perdido um grupo de trabalho muito colaborativo. Além disso, na área nova, não sabe em quem confiar e seu sentimento é de que é melhor se virar sozinha, pelo menos no momento, até que possa melhor conhecer a nova equipe. Para expressar esse desconforto gerou uma analogia com a personagem Dori do filme infantil Nemo:

> *Então, como sempre, aciono meu gatilho de sobrevivência, tá, tipo meio que, sabe animação? Do desenho? Aquela Dori, continue a nadar, continue a nadar, aprenda por você mesma, porque você vai perguntar e as pessoas, você vê que elas têm conhecimento, mas "por que que eu vou dar a face?". Então, você sabe, é engraçado quando você lida com gente, você sabe quando a pessoa tá mentindo. Eu não sei te explicar, mas eu sei. Quando a pessoa não sabe de verdade, não pode me ajudar, ou quando ela sabe, mas ela prefere não me ajudar. Então eu. . . atualmente é isso, eu sinto perdas porque perda já na confiança, na cumplicidade, nos meus parceiras (sic)*

*... nos meus pares de trabalho, que no outro ambiente era um e nessa nova área é totalmente competitivo, tipo, eu não preciso mostrar o meu valor pisando em alguém ou então deixando a outra pessoa se ferrar, né, eu acho que é um time, a gente pode andar juntos. Mas não é a percepção que eles têm. E eu não posso impor isso. Eu também não sou a salvadora do mundo. E eu estou tentando só me ver no meio desse aquário sem me afogar nas minhas emoções. Acho que é isso. É isso, eu acho. Não sei, está confuso, né? (chorosa). ... Agora a gente só se vê correndo. ... Então tá todo mundo meio que nadando.*

Erva-cidreira encontra-se nadando no aquário da vida, mas com um sentimento de que está lesada, sobrecarregada e com menos recursos, pois lhe faltam as antigas relações no trabalho. Encontra-se nesse momento, tendo avisado a pesquisadora que sua perda é recente e que ainda não passou por muitas fases.

## Fase 4 – Luto complicado

Deixemos Erva-cidreira explicar por si-mesma:

*... eu não consegui viver o luto ainda, porque eu não aceito. Talvez, eu acho que se eu enterrasse o defunto e falasse, "Ok Phoenix! Renasça das cinzas!", a coisa melhore, mas eu ainda tô no processo. Porque uma coisa é você viver o luto da perda, você saiu da empresa, levantou, chorou, tem que correr atrás de outro emprego, mas como é que você vive na mesma empresa vendo o teu*

*passado? Encontrando o teu ex-chefe porque é o presidente, vira e mexe eu vejo ele no elevador e às vezes eu prefiro nem ver, porque ele me vê e fala, "Erva-cidreira, como você tá?", e me abraça. Então é muito estranho isso tudo, não sei se eu sou muito mimizenta, sabe? É. . . para mim é estranho porque, tipo, bom é mais fácil você viver o luto quando você sai do ambiente, mas quando você tá nele? Eu não sei, eu acho que eu tentei viver o luto, mas tipo é como se tivesse morta-viva, é a pior sensação. Morta-viva, é isso, morta-viva, é (chora) é isso. . .*

A condição de morta-viva expõe o estado melancólico de Erva-cidreira, no sentido freudiano, de se encontrar identificada com o objeto perdido (cargo de secretária júnior e continuidade da carreira como secretária). Infelizmente ou felizmente, Erva-cidreira acabou por ser demitida em julho de 2020, tendo permanecido no cargo ao qual não tinha formação em licitação por apenas alguns meses. A pesquisadora soube da demissão por meio da ex-funcionária que a indicou para entrevista. Felizmente no sentido de que poderá, na sequência, buscar um novo emprego como secretária executiva e agora com experiência registrada em carteira profissional e com o diploma da faculdade obtido, o que pode lhe abrir portas. Poderá ser fiel ao que sempre almejou, sem precisar ficar até 21 horas na empresa estudando para conhecer o que não sabe e, talvez, perdendo os cabelos novamente.

Erva-cidreira encontrava-se em um luto adiado, pois reconhecia sua tristeza, porém essa condição dificultava que viesse a elaborar o luto e seguir para o novo, encrustando-se em um luto que complicava, a que tinha alguma consciência:

> *...minha válvula de escape é não pensar né... (assoa nariz) não pensar voluntariamente sobre isso, mas, não é que você não pense, os pensamentos vêm né, as coisas que você não resolve, é como se ficassem na nuvenzinha assim (chora)...*

Sabemos que isso não funcionará por muito tempo e que precisará lidar com a natureza da experiência instalada por ter saído do "Olimpo" (termo usado por ela) e eu acrescentaria: o "Olimpo" das secretárias.

## Mirra

*Fase 1 – Confusão, questionamento e o bom autoconceito ameaçado*

Após impacto da demissão:

> *Maria Luiza, eu fiquei umas duas semanas, mais ou menos, de luto mesmo, foram duas semanas de muito questionamento, de achar que eu não era boa, por que que fizeram isso comigo, eu tinha sido dois meses antes, eu tinha sido chamada para participar de um projeto de reestruturação por conta da minha competência, da minha confidencialidade, e isso e aquilo, dois meses depois eu sou demitida sem motivo, ou pelo menos sem me dizer qual foi o motivo, né, então eu não consegui entender, aquilo tudo para mim era muito confuso, então, foi realmente um período de luto, assim, uma sensação muito ruim... (começa a chorar)... parece que você perde o*

*chão numa vida inteira que passou... as primeiras duas semanas foram muiiiito difíceis, muito difíceis.... Num primeiro momento, éhh... a questão do luto mesmo, a questão de autoestima ir lá pro chão ou para baixo do chão e pra mim é complicado, eu já sou uma pessoa que tenho a autoestima um pouco baixa, mas assim... mas foi realmente assim, achar que "ai não sirvo mais, acabou pra mim"... fui para a consultoria, fui refazer o meu currículo, aí comecei entrar na... no Linkedin, olhava as vagas, não me candidatei para nenhuma vaga, eu olhava aquilo e falei: "Ai meu Deus, acho que não é mais para mim isso, eu não sei se eu consigo mais voltar para um ambiente assim"...*

## Fase 2 – Recuperação

Mirra começou a se recuperar e a achar que estava bem

*Depois dessas duas semanas, eu falei, ah, tô curada, agora já me curei, tudo bem, tô em outra fase e tal, mas eu percebia que de vez em quando vinha de novo aquela dor, né, e aí, e aí o que que percebo hoje, assim, éhhh, eu tenho, eu tenho saudades, muitas saudades, mas não desse período da Boldo de agora, assim, de três anos para cá, eu tenho saudades lá detrás, do período em que, éh, a gente tinha um outro ambiente, que a gente tinha aquela coisa de família, de [sic] todo mundo trabalhava juntos [sic], juntos naquele ambiente, um ajudando o outro, mesmo tendo, óbvio, né, os cargos diferentes.*

## Fase 3 – Nostalgia e raiva

> *Quando eu me lembro, me dá um pouco de raiva, assim, de pensar assim, sim sabe por quê? Por que que foi feito isso?... Porque OK, podia ter me mandado embora, eu entendo que as empresas passam por reestruturações e cada vez mais, e a gente já vinha nessa de aí, esse cargo de secretária assistente estão reduzindo cada vez mais, talvez daqui a pouco ele seja extinto dentro das empresas e tal, mas acho que é a forma como é feito... sei lá, que tivesse alguma sinalização, sabe?*

## Fase 4 – Aceitação de novos horizontes

Mirra aceitou convite de uma amiga que foi demitida com ela e que no período da consultoria que receberam como benefício no desligamento da empresa, convidou-a a montar um trabalho remoto como assistentes/secretárias.

## Mogno

### Fase 1 – Indignação e sentimento de injustiça

Perplexo com a ocorrência da demissão, Mogno sentiu-se injustiçado, contudo, tendeu à aceitação e não lançou mão de seu atestado médico, concordando com a demissão apesar de seu estado clínico. Sua gestora deu sequência à demissão de Mogno na Eucalipto, mesmo tomando conhecimento de que ele estava enfermo, colocando-o fora da empresa no mesmo dia – teve que pegar seus pertences e deixar a empresa. O ambiente foi sentido como hostil.

Buscou amparo no presidente da empresa, contudo preferiu seguir para outro vínculo empregatício.

A indignação se associa ao fato de ter sido barrado na recepção da empresa sem poder subir à sua sala; da gestora não ter ao menos ter tentado entender o que se passava com ele ("... a que ponto tava a minha pneumonia, num perguntou, não quis saber nada"); e de que estava para completar 15 anos na empresa. Em suas palavras:

> *E aí você olha para aquilo e fala: "Caramba, depois de tudo isso, né, a Eucalipto te mandar embora de uma forma meio abrupta assim, fiquei... abalou mesmo". Fiquei mal, fiquei muito... E agora? O que eu faço da minha vida?... Eu tive vários medos...*

Observa-se nessa fase um sentimento de desamparo. Mogno viu-se "sem teto" residencial e profissional. Com a separação conjugal precisou arrumar outra moradia e com a perda do emprego e o ingresso em outro, todo seu mundo estava mexido.

## Fase 2 – Foco na recuperação física

Mogno, primeiramente, foi trabalhar com um amigo em uma multinacional, após 15 dias de descanso para recuperar-se de sua pneumonia. Cabe mencionar que foi o contratante que se preocupou com sua saúde e não a empresa Eucalipto que o demitiu. Como não estava conseguindo realizar seu trabalho no nível que considerava adequado e não queria prejudicar seu amigo presidente da empresa, dando margem a que outros funcionários achassem que ele estava ali por proteção do diretor e pela amizade com ele, conversou com o amigo sobre isso e demitiu-se. Sentia-se realmente mal:

140 LUTO NA ORGANIZAÇÃO

*. . . ela sabia que eu tava passando por isso, por esse momento, inclusive na hora que eu. . . eu assinei a minha carta de demissão, eu falei assim: "No momento que eu mais precisei de vocês, vocês estão me mandando embora, porque a minha vida lá fora não tá legal, você sabe que eu tô me separando. . .". Ela falou: "Ah! Isso eu já sei, mas isso é lá fora". Então, assim. . . ela sabia e foi junto, e aí eu fui. . . eu fiquei mal, mal, mal, ãhn. . . e eu não entendia muito bem, até conversava muito com a minha mãe, eu falava: "Eu não entendo, assim. . . a gente. . . . Eu não tenho vício nenhum, eu não tenho problema nenhum, mas parece que a minha. . . a minha vida tá me levando para um caminho onde eu não tracei, né". E a minha mãe falou: "Ah, não fala mais isso, não fala essas coisas". Aí um dia, eu. . . eu fui para Osasco sem destino nenhum. Aí eu parei na frente de uma clínica, assim, falei caramba! É uma doutora, né, quem sabe ela me ouve, né! E eu não sei nem que especialidade ela era! Olhei, atendia, juro, olhei, atendia pelo convênio, entrei.*

*Fase 3 – Busca de recuperação da saúde física e mental e de uma nova colocação no mercado de trabalho*

Mogno ficou casado por 15 anos e sofreu um forte impacto emocional na separação. Acredita que ao sair de casa perdeu a saúde mental (depressão) e física (pneumonia). Passou por várias outras experiências profissionais até solucionar, como ele e um amigo denominaram, a "inhaca" (depressão pré-existente devido à separação conjugal em curso, na época, que se agravou com a demissão na

Eucalipto). Procurou consulta médica e lhe foi prescrito ingressar em academia para exercícios físicos, em busca de fortalecimento físico e mental. Aderiu ao plano em busca de um pouco mais de saúde. Afirmou: "... eu fiquei por um período tendo que me tratar". Contou:

> *Ela falou assim: "Você vai procurar uma academia, vai procurar um profissional, que ele tenha essa, essa", aí ela falou, "especialidade". Aí fiquei pensando, né, como que eu vou achar essa pessoa na minha vida, né? Aí, do lado da casa da minha mãe tinha uma academia e tinha um cara que eu passava na frente quase todos os dias e falei, ah, esse cara! O cara era muito forte. Eu falava assim: "Esse cara, ele deve ser especialista em alguma coisa". Aí lembrei dele e fui lá. O cara falou assim: "Meu, é comigo que você vai se recuperar". Três meses depois, ele falou assim: "Se quiser ir embora, você pode ir embora", porque ele falou para mim assim: "Eu não vou te dar um tratamento para você ficar 'bombado', vou te dar um tratamento pra você recuperar a sua...". Aí voltei lá na clínica, falei com a médica, ela falou: "É, seu problema era a cabeça e tudo que eu pedi para você fazer na academia, que esse instrutor te deu, a 'inhaca' do teu corpo, todos os problemas, eles saíram num condicionamento físico, num... onde você tirava toda a sua raiva, que você tinha, toda a angústia no aparelho e você não precisa de remédio, você pode sobreviver".... É, ela falou, não precisa mais, disse assim: "Se você precisar (sic) eu ia te encaminhar pra um especialista, mas assim, é vida que segue, vamos embora!".*

142  LUTO NA ORGANIZAÇÃO

Foi trabalhar com um amigo, que o deixou cuidando de seu estabelecimento, pois viajava muito a negócios e precisava de alguém de confiança: "Você vai tomar conta para mim". Combinaram que Mogno ficaria ali até passar a "inhaca". Como permaneceu nesse lugar um ano e meio, inferimos que essa fase de debilidade perdurou por esse período somado ao tempo inicial na multinacional na qual se empregou, logo na sua saída da Eucalipto, tendo se recuperado, então, quando partiu para outro trabalho. Afirmou: ". . . foram três anos certinho, porque eu saí em junho e voltei em junho, três anos depois".

*Fase 4 – Retorno e reparação*

Por meio de um amigo na empresa Eucalipto, reingressa a ela. Ao longo da jornada recupera seu salário, que estava inferior aos dos demais, na mesma função, na porta de entrada. Casou-se novamente, reparou a perda amorosa, unindo-se maritalmente a uma funcionária da própria Eucalipto, com quem declarou se sentir muito bem-amado atualmente, realizado afetivamente e estar coabitando já há três anos. Voltou a exercer a função que gosta no ambiente de trabalho, o que fora interrompido na ocasião da demissão. Estava obtendo bons resultados no trabalho, conquistando o crescimento do grupo de lojas que é responsável por zelar.

Embora Mogno tenha ido trabalhar em uma multinacional valorizada por ele e seus colegas, o "pular de galho em galho" (expressão que utilizou), hipotetizo que pode denotar que ele estivesse com dificuldade de construir um novo vínculo empregatício, mesmo que numa empresa considerada como excelente lugar para trabalhar. Isso se dava em função do apego que apresentava com a empresa anterior, a Eucalipto, deixando um caminho em sua mente para poder voltar:

*. . . eu tinha falado até na X, talvez não voltaria mais para a empresa, éh. . . mas não era. . . eu ia falar alguma coisa, mas acho que eu fiquei com. . . com uma certa birra e falava tal que eu não voltaria. Ãhh. . . mesmo porque já tava. . . mesmo porque já tava numa indústria multinacional, que era o sonho de na época em que a gente trabalhava no comercial, todo mundo queria trabalhar na X, era uma empresa assim. . . é hoje, até hoje é uma empresa maravilhosa. Mas não deu certo e muito porque também, éhh. . . eu acho que isso, éhh. . . eu tinha uma certa. . . um certo receio, mas a Eucalipto também não saía de mim, mas acho que o fato de ter sido desse jeito, de ter ficado enlutado, talvez me conduzia a ir pelo caminho de ir embora, mas o meu inconsciente talvez falava "não, cara, uma hora você volta" e como voltei, né!*

Esse depoimento de Mogno bem confirma a importância de se elaborar o luto de uma perda para que o indivíduo possa estar psiquicamente disponível a cultivar novo vínculo. Mogno resolvia questões relativas à autoimagem e autoestima, ao ter prontamente encontrado espaço em uma multinacional disputada, mas isso não era suficiente para que solucionasse sua situação indigesta no apego à Eucalipto, como ninho de trabalho. Posteriormente avaliou que foi bom para ele ter saído da Eucalipto e vivido novas experiências, inclusive tendo imediato acesso à multinacional que, segundo ele, todos aspiravam ir. Mas naquele momento, contudo, sentia-se mal com o desligamento sofrido e para ele era difícil lidar com o enorme apego que ainda mantinha com a organização anterior. A forma como Mogno foi demitido na Eucalipto, por iniciativa de sua gestora, sentida por ele como violenta e irrazoável, já que atrás da alegação de que ele estava fazendo "corpo mole" tinha um trabalhador enfermo com pneumonia, perseverava em seu mundo mental como uma experiência ainda carregada de emoção de afeto. Mogno precisou retornar à empresa, ao ver dessa pesquisadora, como meio de reparação. Para sua sorte, pouco tempo depois outra diretora de RH foi contratada, com a qual ele se entendeu bastante bem.

## Carvalho

*Fase 1 – O sonho acabou: pesar*

Carvalho depositava grande expectativa em se tornar juiz do trabalho e encontrava "ânimo" para estudar muito. Quando desistiu, porque ponderou que o trabalho poderia ficar repetitivo com algumas causas recorrentes, e que poderia garantir um bom rendimento financeiro de outro modo, via empresa privada, acredita ter ficado dois meses enlutado, em pesar. Contou que nas primeiras duas semanas ele não queria tocar no assunto de ter renunciado ao concurso. Depois começou a refletir sobre como seria o "novo Carvalho" sem esse sonho. Permaneceu mais quieto, mais dolorido, mais reflexivo.

*Fase 2 – Comunicando aos pares*

Informou aos amigos e colegas de classe, de turma, de que não mais prestaria concurso, de que "não mais compraria a CLT do ano". Refletiu como iria se comportar junto a seu time dali para frente. Concluiu que ia ganhar conhecimento em outras áreas e que ia ajudar os outros de seu time que estavam carentes de informação. Também iria desafiá-los a lutarem por aprendizagem. Ficou mais realista, analítico e ponderado, digerindo o que tinha acontecido.

*Fase 3 – Superação – aprender o novo – aceitação*

Lançou-se a verificar como que funciona a estruturação do programa de *compliance*. Isso lhe pareceu ser um desafio. Organizando-se para melhorar sua habilidade oral na língua inglesa. Quando veio a aceitação, resolveu desabafar com sua coordenadora jurídica. A aceitação do luto funcionou como propulsora de nova etapa em que começou a "deslanchar sem se cobrar tanto" e a ter tempo com os seus amigos e com sua família, por exemplo, para fazer uma viagem, rompendo com a rotina de passar os finais de semana estudando. Acha linda a carreira de juiz quando ouve sobre seus amigos que tiveram êxito, porém para ele isso já se foi. Não sente mais medo de ser desafiado a assumir novas áreas, como no começo da carreira. Passou a avaliar as chefias pela capacidade de desafiar seus líderes.

## Coelho

Coelho era recém-formado e temeu ficar sem emprego, o que melhorou somente quando conseguiu outra oportunidade. Acredita que a evolução do luto depende muito "de pessoa para pessoa".

*Fase 1 – Medo e aflição*

Sentiu-se triste, ficou em choque e um pouco confuso. Essa fase foi sentida por ele como curta.

*Fase 2 – Proatividade e busca*

Enviou currículos para outras empresas, inscreveu-se em processos seletivos e de forma rápida recolocou-se. Acredita que superou rapidamente o impacto da perda do trabalho por dois motivos:

1) Pelo modo que foi criado (por sua mãe); 2) Pela necessidade de trabalhar, portanto, segundo ele, "não tinha tempo de ficar em casa confabulando".

Coelho acredita que um indivíduo é fruto da educação recebida e que sofreu influência do modo como sua mãe o criou:

> *Eu nunca fui criado. . . éhhh. . . num sentido de ficar chorando, do tipo. . . a minha mãe é muito. . . "meu filho, sacode a poeira e vamo", entendeu? "Se não deu certo aqui vamo lá!". . . . A minha criação, que foi assim, vai, feito, tá bom, filho, ok passou, vamo (sic) em frente, então eu nunca fui uma pessoa que ficou muito. . . parado e chorando, eu acho que foi. . . quando eu tava num lugar que já não tava bom, eu já tava pensando no próximo. . . . Eu nunca fiquei. . . eu nunca deixei assim. . . o barco afundar para pular dele. Eu já tava com o meu botezinho lá preparado pra (sic) seguir em frente. . . Falar conduzo dessa forma.*

Nessa fase de elaboração do luto, as modalidades de ação presentes na família, ofertadas como modelo e, portanto, a identificação com figuras significativas, irão colaborar com o modo com que o indivíduo lida com o luto. Coelho contou que quando estava num lugar que já não estava bom, que ele já estava pensando no próximo: "Eu nunca deixei o barco cair. E já tava com o meu botezinho lá preparando para seguir em frente". Coelho foi ensinado a reagir e ser resiliente por sua mãe.

*Fase 3 – Reparação*

Ao iniciar no novo emprego, ficou responsável por reformular a área de comunicação da empresa, "iniciar do zero a área" e sentiu-se muito bem sendo desafiado. Assim expressou-se: "Foi muito legal!".

## Akita

Akita estava em uma evolução de carreira e teve que retornar um pouco e também teve perdas diárias que mencionou irem acontecendo.

*Fase 1 – Revolta/rebeldia*

> *Ah! Eu acho... Primeiro é aquela coisa da revolta, de uma certa impaciência... isto tem a ver com a nossa maturidade, né, a gente vai tratando isso de forma... a gente vai melhorando, né, isso. A gente tem uma certa rebeldia no início quando dizem não pra gente no sentido "putz, por que?" assim. Não entendo o motivo. Você não entende muito e aí depois você vai com a maturidade, que nem sempre acontece isso. Já teve épocas da minha vida que rejeitava mais, falava: Ah! Isso é implicância, isso é pessoal. E não é pessoal, né, acho que é mundo corporativo, são situações que a gente vai se adaptando. Então eu acho que a minha primeira é sempre de contestar, de ficar um pouco mais chateada mesmo e contestar e não entender muito...*

## Fase 2 – Compreensão

> Eu acho que a segunda fase é você... do entendimento.

## Fase 3 – Aceitação

> ...e a tercei... a última é da aceitação. Você fala "putz pra eu sobreviver aqui, éh... eu tenho que aceitar, não dá pra ficar com esse sentimento, né! E eu mudo rapidamente, eu sou uma pessoa que... que mudo, acho que pra sobreviver tanto tempo, eu tenho 25 anos de carreira, comecei nova. Éh... você tem que... passa rápido, né, o luto tem que passar rápido, ele não pode demorar porque senão você vai... vai te atrapalhando mesmo, né!

## Guepardo

A. Experiência de enlutamento reconhecida por Guepardo e a qual deu enorme ênfase: Guepardo busca tolerar a ausência paterna em seu passado e isso o vem acompanhando até o momento presente da entrevista.

## Fase 1 – Fragilidade

> ... no início você se sente fragilizado, porque você fala "ah, nossa, o meu pai não me dá apoio, sei lá", eu sou fragilizado, né, eu sou... você meio se vitimiza, por que que não é?

### Fase 2 – Buscando estrutura

*E aí aos poucos você vai estruturando, você fala, não péra aí, você não precisa, você pode, ou essa ausência, você compensa de outra forma.*

### Fase 3 – Indiferença

*E aí eu. . . você percebe que você vai evoluindo nesse sentido, até você poder ser um pouco indiferente ao caso. Então, eu percebo que nesse fluxo eu tive essa. . . essa mudança.*

B. Experiência não identificada por Guepardo por processo de luto, mas considerada por essa pesquisadora como tal: Guepardo sofreu forte impacto com a perda de um dos trabalhos em que mantinha importantes relacionamentos interpessoais.

### Fase 1 – Impacto e negação

*E o que que vou fazer? Primeiro, eu preciso disso na minha vida, né, não só uma questão financeira, mas é. . . isso aqui preenche a minha vida hoje de uma forma especial, assim como hoje o emprego que eu tô, é tanto tempo e assim pra mim é pleno, então, retira isso da sua vida, você fica sem chão, você fica sem referência, você fala e agora? Aí até você se remontar, se reorganizar, traçar um novo rumo. . . (pergunto-lhe quanto tempo durou esta fase). Ah. . . muito tempo, acho que uns cinco, seis meses. . . . Pra eu aceitar que aquilo tinha acabado. . .*

150 LUTO NA ORGANIZAÇÃO

*Fase 2 – Insistência em recuperar o perdido e busca de ajuda via rede de relacionamentos*

> *Até então eu ficava indo atrás, ah, desde... porque assim, a empresa terminou aqui, mas tinham outros estágios, então, aí eu ficava recorrendo às pessoas porque algumas pessoas que eram da área financeira conseguiram se encaixar e quem não era da área financeira, que era da área de pessoas, da área de comunicação, éh... foi desligado. Então eu ficava todo tempo contatando essas pessoas, "e aí, veja se tem uma oportunidade pra eu voltar, pra eu voltar". Invés de eu tentar retomar um outro rumo e criar uma nova história, eu ficava tentando me religar naquela história, a todo momento, achando que aquela era a única história possível e eu ficava acionando as pessoas, "e aí e tal, não tem uma oportunidade, nem que for para outra cidade, eu quero voltar", enfim, eu acho que eu perdi, eu posso dizer que eu perdi tempo. Se eu tivesse digerido melhor, eu teria talvez, começado antes. Tido outras oportunidades, mas você fica muito preso naquele passado, naquela coisa que foi e você perdeu. E você fica tentando se religar.*

*Fase 3 – Aceitação*

> *Aí até cair a sua ficha e falar "não, acabou", isso aqui beleza, já foi uma história, vê o que conseguiu levar de positivo, agora é outra história, tem que escrever uma*

*nova história, aquela já... deu fim já. Então esse processo acho que demorou bastante, uns cinco, seis meses aí pra eu aceitar isso. E hoje eu penso lá naquela fase, como fase foi legal, tanto que eu tenho amizades até hoje, tenho vínculos até hoje, mas foi por isso, eu falei óh, foi uma história que teve começo, meio e fim e os resultados, os produtos foram esses, né, e tá aí até hoje. Então, eu acho que demora quando você tem alguma coisa que te preenche demais e você perde desse jeito. Acho que é a primeira, pelo menos a primeira reação é você tentar não perder aquilo, você não aceita, não, não posso perder isso, não posso.... Exatamente. E aí você perde tempo de ver algo novo...*

## Leoa

### Fase 1 – Altruísmo e oferecimento de ajuda

A experiência teve início com a notícia das demissões. Preocupação em auxiliar o outro "perturbado" para não ficar perturbado junto, em ajudar os outros demissionários na frente da fila.

### Fase 2 – Tristeza

Leoa acredita ter entrado em luto após a sua saída do emprego. De 25 funcionários do setor, restavam três, com ela, e foi demitida. Mencionou chorar diante do sentimento de perda dos amigos e da empresa.

## Fase 3 – Resolução e reparação

Leoa encontrou um novo emprego na mesma área que gostava, que funcionou como reparação ao dano sofrido.

Vejamos um quadro comparativo das fases mencionadas por nossos entrevistados quanto à passagem por processo de enlutamento diante de perda significativa nos processos de trabalho.

**Quadro 5.** Fases do luto apontadas pelos indivíduos entrevistados

| | |
|---|---|
| **Erva-cidreira** | Fase 1 – Ambivalência: negação e defesa $x$ sentimento de pesar;<br><br>Fase 2 – Busca por adaptação à nova realidade;<br><br>Fase 3 – Acionar o gatilho da sobrevivência e se virar por si mesma;<br><br>Fase 4 – Luto complicado. |
| **Mirra** | Fase 1 – Confusão, questionamento e o bom autoconceito ameaçado;<br><br>Fase 2 – Recuperação;<br><br>Fase 3 – Nostalgia e raiva;<br><br>Fase 4 – Aceitação de novos horizontes. |
| **Mogno** | Fase 1 – Indignação e sentimento de injustiça;<br><br>Fase 2 – Foco na recuperação física;<br><br>Fase 3 – Busca de recuperação da saúde física e mental e de uma nova colocação no mercado de trabalho;<br><br>Fase 4 – Retorno e reparação. |
| **Carvalho** | Fase 1 – O sonho acabou: pesar;<br><br>Fase 2 – Comunicando aos pares;<br><br>Fase 3 – Superação – aprender o novo – aceitação. |

| Coelho | Fase 1 – Medo e aflição;<br>Fase 2 – Proatividade e busca;<br>Fase 3 – Reparação. |
|---|---|
| Akita | Fase 1 – Revolta e rebeldia;<br>Fase 2 – Compreensão;<br>Fase 3 – Aceitação. |

Entrevistas Piloto anteriores:

| Guepardo | A) Ausência do apoio paterno:<br>Fase 1 – Fragilidade;<br>Fase 2 – Buscando estrutura;<br>Fase 3 – Indiferença.<br><br>B) Demissão (fechamento do setor):<br>Fase 1 – Impacto e negação;<br>Fase 2 – Insistência em recuperar o perdido e busca de ajuda via rede de relacionamentos;<br>Fase 3 – Aceitação. |
|---|---|
| Leoa | Fase 1 – Altruísmo e oferecimento de ajuda;<br>Fase 2 – Tristeza;<br>Fase 3 – Resolução/Reparação. |

É possível identificar algumas das fases do luto apontadas pelos três autores – Bowlby (1985), Kübler-Ross (1977) e Parkes (1998) –, que consideramos neste estudo, contudo nenhum de nossos entrevistados apresentou a mesma sequência das fases ou, até mesmo, passou por todas elas, como assinalado pelos autores estudiosos do

154 LUTO NA ORGANIZAÇÃO

luto mencionados. É certo que, em geral, se considera que essas fases não se dão na mesma sequência sempre necessariamente. Nossos entrevistados descreveram as fases do luto que passaram após a experiência de perda significativa e pesar, a partir de três ou quatro fases, não mais que isso.

A primeira fase do luto descrita pelos entrevistados indica ruptura, medo, aflição, revolta, rebeldia, indignação e negação. A noção de negação, entretanto, foi mencionada somente em dois dos casos, o que corresponderia à primeira fase do processo de luto proposta por Kübler-Ross (1977). Essa fase inicial do luto descrita por nossos entrevistados mostrou-se mais próxima do que Parkes (1998) apontou como primeiras manifestações pós-perda. Elas se assemelham mais ao que denominou por alarme e tensão (aumento do estado de vigília, manifestações de estresse, reações fisiológicas, sintomas físicos, reações emocionais de raiva e irritação). A descrição de Guepardo, por exemplo, aproxima-se da imagem dessa fase inicial do luto, pois ele descreveu um estado de choque, de impacto com a perda do trabalho (fechamento do setor). Mencionou ter ficado sem chão, sem referência, o que poderia se aproximar também da primeira fase do luto para Bowlby (1985), identificada como fase de torpor ou aturdimento.

Entre a primeira fase cuja descrição predominantemente associou-se a uma fase de indignação, questionamento e espanto e a última descrita como fase que contém algum nível de resolução – seja pela aceitação ou por uma reorganização dos laços envolvidos –, as fases intermediárias descritas por nossos entrevistados são focadas em sobrevivência, elaboração e recuperação.

Paula (2010, p. 121) resumiu as fases do luto para Bowlby (1985), Kübler-Ross (1977) e Parkes (1998), que citamos na introdução deste trabalho. Os autores apontam uma superação do luto na última fase do processo de luto, cada um a seu modo. Não foi mencionada por

Paula a última fase do luto para Parkes (1998), autor que apontou haver a aquisição, ao final, de uma nova organização do indivíduo frente a seu mundo. Sobre isso Silva (2014, p. 73) afirmou:

> *O processo finalizaria com o que Parkes chamou de "obtenção de uma nova identidade", necessário devido ao fato de que a ocorrência da morte pode provocar alterações na percepção e entendimento do mundo levando o sujeito a redefinir conceitos, além das mudanças de papéis necessárias em decorrência da falta do elemento que morreu.*

No foco de nosso estudo, entenderemos "elemento que morreu" de modo ampliado, ou seja, aquele ou aquilo que foi perdido pelos nossos entrevistados. Afora Erva-cidreira para quem o processo de luto caminhava para se complicar, os demais entrevistados descreveram a última fase do luto que vivenciaram como uma fase de aceitação ou de reparação, o que se alinha com as descrições dos autores mencionados no início desse estudo, que veem a etapa final do luto como uma fase de maior ou menor grau de reorganização, mas em que o indivíduo atinge uma resolução. A ideia de que há uma nova acomodação na direção da aceitação parece ser compartilhada pelos estudiosos do tema e também por nossos entrevistados.

## Tipo de luto: negado, adiado, não identificado ou não autorizado como risco para luto complicado

Tendo por referência os tipos de luto – crônico, inibido, prolongado, complicado, adiado, negado, não reconhecido, não autorizado, ignorado, reprimido, postergado, antecipado, mascarado, entre outros que se possa identificar –, procuramos pensar as condições de nossos entrevistados.

Tipos de luto são relatados na literatura psicológica especializada por meio dessas adjetivações. Tomemos por base a obra organizada por Santos (2014) – *Tratado brasileiro sobre perdas e luto* –, no qual encontramos a utilização desses termos em diversos capítulos escritos por diferentes coautores. Solano (2014), por exemplo, tratou no capítulo 14 dessa obra – Luto complicado (ou Traumático, ou Patológico) –, de modelos do luto "normal" e do luto complicado, além de fazer referência aos tipos de luto prolongado, crônico e inibido; Fonseca (2014) abordou o luto antecipatório, no capítulo 18 – Luto Antecipatório – situações que se vive diante de uma morte anunciada –, tratando de situações em que se vive diante de uma morte anunciada; e Nucci (2014) trouxe reflexão sobre a vivência de perdas não reconhecidas, a que nominou por luto não autorizado, já que corresponde a uma dor silenciosa, um sofrimento sufocado. O termo luto complicado transformou-se até mesmo em título de obra com Rando (1993): *Treatment of complicated mourning* (Tratamento do luto complicado).

Muitos desses termos tiveram sua origem em estudos anteriores sobre o luto realizados por pesquisadores que os precederam e publicaram seus achados, em décadas anteriores. Por exemplo, Parkes (1998) sinalizou alguns tipos de luto que operam como complicadores no processo de aceitação da realidade, como o não autorizado, as perdas não reconhecidas e a não aceitação do enlutado em seu processo de luto. São inúmeros os estudiosos do tema e, neste trabalho, nos limitaremos a nos referir aos tipos de luto que nos auxiliam a compreender a experiência relatada pelos entrevistados de nosso estudo.

Worden (2013) assinalou que muitas pessoas que trabalham com luto complicado e terapia do luto se utilizam de termos como "luto crônico", "luto retardado" e "luto exagerado". Mencionou o levantamento que os estudiosos do luto, Beverly Raphael e Warwick Middleton (1990), realizaram para identificar os termos mais frequentemente utilizados por especialistas da área. Segundo Worden, o termo "luto não autorizado" foi cunhado por Ken Doka (1989, 2002) e posteriormente desenvolvido por Attig (2014), correspondendo "às perdas na vida relacional do enlutado, que não são sancionadas socialmente" (Worden, 2013, p. XII), por exemplo, no caso de um indivíduo que está tendo um relacionamento extraconjugal em sigilo e fica impedido de participar dos rituais fúnebres por ocasião da morte do(a) amante, deixando inclusive de receber suporte social, apesar de enlutado. Worden assinala que é necessário reautorizar o enlutado, nesse caso, para que obtenha adaptação ao luto. Aaron Lazare (1979), colega de Worden no Hospital Geral de Massachusetts, apontou dois tipos de perdas relacionadas ao luto não autorizado: perdas socialmente negadas (ex: perda gestacional por aborto) e perdas socialmente não expressas (ex: morte por suicídio ou por AIDS). Nesses casos, as pessoas necessitariam ser ajudadas a falar sobre a perda sofrida e sobre o fenômeno da morte.

Como dito anteriormente, são inúmeros os estudiosos do tema e, neste trabalho, nos limitaremos a nos referirmos aos tipos de luto que auxiliam a compreender a experiência relatada pelos entrevistados de nosso estudo. Voltemo-nos a nossos entrevistados.

Junto à Erva-cidreira, encontramos o luto não autorizado. Como Doka (1989) o compreende, ele é decorrente de perdas que não podem ser abertamente apresentadas; ele não é socialmente validado; e a perda não pode ser publicamente pranteada. Diante da falta de aceitação e de tempo para vivê-lo, o indivíduo encontra-se sem possibilidade de elaboração. Tendo que avançar lutando por uma não desfiliação da empresa e mesmo tendo perdido seus laços de referência, que lhe davam identidade no contexto do coletivo do trabalho, precisou projetar-se repentinamente no futuro com a urgência de se adaptar a um novo lugar que não lhe representava (sua alma de secretária deslocada para uma vaga no setor de licitação), mas que era preferível ao desemprego, que a lançaria num vácuo. Erva-cidreira não teve tempo para chorar. Foi na situação da entrevista que se deu conta do choro e da tristeza que vinha armazenando e que encontrou vazão com a atitude continente da pesquisadora, como se ela tivesse amparado um vulcão e o medo de Erva-cidreira de se queimar em sua lava. Nas palavras de Erva-cidreira:

> *Eu acho que já veio tanta coisa (rindo) que eu nem imaginava! Que eu tô até assim (ri)... tô até surpresa! Mais uma coisa que eu tenho que administrar, né, nunca pensei, gente! Desse processo, do outro... acho que eu falei bastante até, assim, falei até além...*

A pesquisadora perguntou à Erva-cidreira como ela avaliava a experiência da entrevista, se ter podido contar sua experiência a tinha ajudado, no que a ajudava ou a atrapalhava. Erva-cidreira assim respondeu:

> *É... ajuda... e ao mesmo tempo eu me sinto estranha porque assim, eu não sei se é porque eu estou falando aqui, não é? (referindo-se ao ambiente da empresa). Podia ser, sei lá, se fosse no café, talvez eu... podia ser que eu me soltasse mais, mas... ajuda porque é um alívio você pôr para fora, coisas que você tá passando, mas você não sabe que tá te incomodando... assim, tá te incomodando, mas você não sabe o nível do incômodo, é essa a sensação, você sabe que você não está normal, mas como*

*você tem que fazer as coisas, as coisas precisam seguir,
você vai lendo tipo* Walking Dead *(ri)*. . . Walking Dead,
*acho que vai ser esse o meu novo apelido, por enquanto,
(assoa o nariz) eu sempre tento associar com coisas ale-
gres porque é assim que eu preciso, eu preciso rir, porque
senão eu acho que eu tenho uma tendência muito grande a sofrer muito porque tudo meu é muito intenso, eu
tô muito. . . então. . . e eu posso ficar doente, fisicamente,
porque eu me abato, assim, mas é que eu sou forte, que
eu tento não desmoronar, mas se eu desmoronar, vai ser
um fim, então, assim, eu acho que eu não tenho muito
equilíbrio, né, (ri) não tenho nenhum, eu acho. . . mas é
bom poder falar disso e o ruim de falar disso é que você
realmente percebe que você não tá normal, né, que você
tem que lidar com isso, então é bom e é ruim, acho. . .
que essa noite eu vou. . . eu vou passar pensando porque
de verdade eu não saberia, eu nunca passei por isso, eu
tô até estranhando (suspira) o volume de coisas que eu
soltei que. . .(pausa)*

A pesquisadora disse à Erva-cidreira que acreditava que ela estivesse estranhando as emoções, as sensações que brotaram nela, a partir
da conversa que mantiveram e Erva-cidreira assim se manifestou:

*Foi, porque pra mim, eu não achei que eu ia estar tão
sensível, essa é a palavra. . . porque você acaba vestindo
uma armadura, de forças, de resiliência, uma máscara,
tenta rir, né, para não chorar literalmente, mas você vê
que você não é você, então você perder a sua essência é
muiiito ruim.*

O tom de ter sido surpreendida pela avalanche de sentimentos e dor denuncia que a vivência das emoções relativas à despedida do cargo que lhe foi imposta foi represada, negada, adiada, não identificada, a modo de mecanismo de defesa, já que precisava sobreviver e no ambiente de trabalho não eram cabíveis manifestações de fraqueza, incômodo ou dor. Precisava sobreviver e, para isso, "continuar a nadar". Não havia tempo hábil para seus sentimentos, não era prudente. Sem uma autopercepção dos processos de enlutamento e de um acolhimento de si mesma, como iria elaborar a experiência para seguir? Só poderia acabar como *Walking Dead* mesmo, como expressou. A negação como defesa é um mecanismo ingrato, já que é a autopercepção que lhe garantiria um contato consigo mesma, com seu mundo interior e lhe abriria a porta para reflexão e reencaminhamento de suas necessidades.

Também Mirra, embora achasse que já estivesse mais blindada, emocionou-se muito ao relatar o momento da sua demissão. O luto foi identificado, porém não autorizado por ela, muitas vezes adiado, já que quando chorava, precisava estar só, não mostrar aos demais. O choro não podia acontecer na empresa, nem na família, ocorreu no dia da demissão à beira de seu carro com duas amigas que desceram com ela, mas depois ele teve que ser adiado para o dia seguinte, para somente quando ficou sozinha em casa.

Mirra revelou-se ainda muito traumatizada com o modo com que foi demitida – abruptamente, instantaneamente, e o processo de luto parece ter ficado adiado, mascarado, influenciando seu futuro de modo negativo, já que ficou com medo de passar por novas entrevistas e concorrer a novas colocações. Vejamos o que disse:

> *eu achei que tava assim curada, dessa parte agora de ter sido demitida e tal, mas eu percebi que não, eu descobri hoje que não (ri) porque eu acho que de fato, eu não*

*tava tentando mascarar, não, eu tava... eu achei que ia ser normal, que eu ia conseguir falar assim tranquilamente, sem me emocionar, mas eu acho que não tá totalmente curada ainda a ferida (risada nervosa). ... Ainda dói. (risada nervosa) Lá no fundo, ainda dói.*

Assim Mirra demonstrou um desejo de que a dor seja já do passado, mas ela irrompe à revelia de seu desejo e controle no seu presente.

Coelho, de sua parte, também não chega a negar o luto, mas parece ter que escolher entre ser obediente à sua mãe e seus ensinamentos de que não há tempo para lamúrias, que se tem que rapidamente seguir; ou dar espaço para se autoperceber afetado pelo impacto da perda. Ao reagir rapidamente no caminho da solução, revelou também nuances de um luto não autorizado.

Akita apontou que o luto tem que passar rápido, do contrário ele vai atrapalhar e a pessoa fica "arrastando corrente". Esforçando-se para caminhar rumo à fase de aceitação, Akita acabou por viver um luto dentro dos padrões de normalidade esperados, tendo seu marco de resolução quando consegue o retorno ao trabalho em São Paulo, cumprindo a promessa anunciada à sua amiga de que voltaria à cidade.

Mogno e Carvalho sugerem terem concluído satisfatoriamente a passagem pelas fases do luto, em seus devidos tempos, encontrando-se dedicados a novas inserções no trabalho, sem que as experiências de impacto dolorido relatadas continuem a representar significativo peso. Mogno, contudo, inicialmente sofreu adoecimento físico (pneumonia) e psíquico (período depressivo).

Guepardo, por sua vez, diante da ausência do apoio paterno sentida por ele como uma perda grave esforçou-se por mostrar à

162 LUTO NA ORGANIZAÇÃO

pesquisadora que realizou certa gestão dos sentimentos daí decorrentes, chegando a falar em processo de aceitação e no desejo de influenciar sua irmã, a quem deseja libertar das mesmas dores, a não sofrer pelos mesmos motivos. Pareceu até o momento de nossa entrevista, porém, que embora queira ensinar sua irmã a lidar com a ausência afetiva do pai e a não sofrer por isso, que Guepardo permanece com essa ferida aberta, perpetuando ainda um sentimento de pesar, ao qual associamos à experiência do luto. Guepardo apontou que a indiferença aos ocorridos seria a fase final de superação da experiência de enlutamento. Verificamos, porém, que Guepardo não se mostrou nada indiferente a essa condição de distanciamento emocional entre seu pai e ele, o que pode sugerir que viva ainda um luto complicado que se arrasta ao longo do seu ciclo vital.

Cabe ressaltar que Guepardo passou por transições de emprego na sua trajetória de trabalho, por mudanças de cidade, de dia a dia e nas relações de trabalho, contudo, não considera ter passado por sofrimento que corresponda a uma verdadeira experiência de enlutamento. Trabalhou na área comercial de um departamento de tecnologia da informação (TI) em Campinas; deslocou-se na sequência para uma cooperativa de crédito em Jundiaí, na área comercial; passou à área de treinamento e desenvolvimento, dando suporte em uma empresa de impressoras, retornando à Campinas; e passou a trabalhar na empresa a que chamamos de Falcão, em que se encontra, até o momento da entrevista, em Várzea Paulista. Guepardo acredita não ter experimentado um processo de luto nessas passagens e comentou que, na verdade, faltou-lhe direcionamento ou aproveitar oportunidades.

Embora Guepardo não tenha por si mesmo identificado a experiência de luto relacionada às vivências no trabalho, arriscamos dizer que tenha vivenciado um processo de luto com evolução dentro do esperado, e que ele não identifica como tal. Gostava muito de trabalhar em uma das empresas pelas quais passou, em função dos bons relacionamentos que havia construído. Precisou deixar esse trabalho, por motivos exteriores à sua vontade: a área em que trabalhava "acabou" (foi fechada). Descreveu que isso ocorreu na fase em que se casou e que parte dos relacionamentos com colegas desse trabalho ele ainda mantém. Embora o relato da experiência de Guepardo tenha revelado a descrição da evolução de um luto normal, terminando com a aceitação da ocorrência da perda, parece ter restado para ele como um luto não identificado.

Inquirida a falar sobre as perdas nas transições de emprego por que passou, Leoa iniciou seu relato de modo mais defensivo recorrendo à racionalização, ou seja, buscando explicações racionais para evitar entrar em contato com seu sofrimento psíquico diante da experiência de perda no desligamento sofrido. No mesmo tempo que negou inicialmente a perda, pondo ênfase nos ganhos e não identificando prejuízos na transição de emprego, ao sair do trabalho que gostava bastante em logística na empresa anterior, Leoa entende que as mudanças lhe trazem boas novas experiências à frente. Paradoxalmente, admitiu sofrer com a perda do ambiente de trabalho na empresa e dos amigos nela constituídos, enlutando na despedida de uma parte de sua vida. Presenciou o desligamento de vinte e um funcionários antes da sua vez de ser demitida, processo no qual sofreu buscando reter os relacionamentos: "Preservar, que é para não perder". Mesmo no primeiro emprego, em uma loja, seu foco era em pessoas. Perguntavam-lhe com perplexidade como ainda estava trabalhando com sua gerente/dona da loja, que não era vista como pessoa fácil, a quem chamavam de "carrasca", e ela respondia que tinha que lidar com ela. Suportou muitas dificuldades em sua trajetória até chegar ao emprego atual na empresa Falcão. Sugere ter vivido, na verdade, um luto prolongado.

Segue quadro com resumo do tipo de luto encontrado entre nossos entrevistados:

**Quadro 6.** Tipos de luto presumidos entre os indivíduos entrevistados

| | |
|---|---|
| **Erva-cidreira** | Luto complicado/postergado. |
| **Mirra** | Luto mascarado/adiado. |
| **Mogno** | Luto complicado (adoeceu) superado. |
| **Carvalho** | Luto normal. |
| **Coelho** | Luto não autorizado. |
| **Akita** | Luto normal. |

Entrevistas Piloto anteriores:

| | |
|---|---|
| **Guepardo** | Luto complicado/Prolongado + Luto não identificado. |
| **Leoa** | Luto prolongado (mais de dois anos). |

Penso que o ambiente laboral não continente ao acolhimento à experiência de enlutamento por parte do(a) trabalhador(a) é terreno para a evolução ao luto complicado, como foi possível perceber por intermédio do que relataram nossos entrevistados. Vejamos alguns desdobramentos desse tema:

## 1 – Sobre choros e emoções

Foi possível constatar entre os entrevistados que o choro no ambiente de trabalho deve ser evitado, como as manifestações de tristeza em geral, a não ser que ele se relacione com a despedida de um chefe querido, aí sim ele pode se revelar. Vejamos um exemplo com Mirra:

> *Esse que me chamou, ele não era da empresa, ele veio contratado por outra empresa e foi aquilo... tanto que quando ele foi embora também foi muuuuuito triste, assim, todo mundo, um time dele que era um time pequeno, se acabou de tanto chorar, foi justamente por isso, porque ele tinha uma atenção muito especial com as pessoas, ele é uma pessoa voltada para as pessoas, então, pra mim foi fundamental, assim, essa primeira conversa com ele, eu me senti importante no sentido de valorizada.*

O choro pôde aparecer também na situação de entrevista com a pesquisadora, apesar de que ele causava certo constrangimento à entrevistada, que parecia não imaginar que iria se emocionar ao relatar sua própria história profissional. Erva-Cidreira, por exemplo, chorou quando mencionou que pediu demissão da produtora na qual trabalhou e também, possivelmente, porque iniciou relatando sua história profissional à pesquisadora, desde os seus 16 anos, e contava com 37 anos no momento da entrevista. Está vendo o tempo passar. Chorou e avisou: "São os cabelos brancos batendo".

Ambiente organizacional e choro de tristeza não devem se misturar e nossos entrevistados mencionam o controle emocional que procuram ter no espaço empresarial. Vejamos o que disse Mirra:

> *...eu tenho também uma facilidade de não demonstrar isso para as pessoas, então, por pior que eu esteja, triste, emocionalmente abalada, as pessoas não percebem, né...*

166  LUTO NA ORGANIZAÇÃO

O choro deve ficar fora da empresa, mesmo no dia da demissão e, até mesmo, diante da família:

> ... *e à noite, meu marido, meus filhos, "não, mãe, vamos sair, vamos sair e a gente vai comprar outro celular para você" e tal e aí eu fui, mas assim, eu queria chorar, chorar, chorar, mas não queria chorar na frente deles, então, tava me segurando, né, bom aí na quinta-feira, isso foi na quarta, aí na quinta-feira eu tava sozinha em casa, aí foi ótimo porque eu chorei um dia inteiro, dia inteiro, toda hora vinham aquelas lembranças e era uma sensação horrorosa, né, porque... Não tem como você não achar, não passar pela tua cabeça essa questão, puxa vida, sou incompetente, por quê? Qual o motivo se não foi isso, né...*

Mirra descreveu um sentimento de vazio, uma sensação de perda de identidade, até que foi percebendo que tinha perdido somente o emprego, mas para isso teve um processo de ressignificação da experiência ao longo de um tempo que precisou ser próprio, já que a empresa não lhe dava qualquer tempo, haja vista a velocidade com que cuidou de sua saída em um só tempo (poucas horas em uma manhã). O que lhe ajudou nesse processo de elaboração das emoções relativas à experiência da demissão, não foi ninguém próximo, mas foi um vídeo a que assistiu em que entrevistavam um conhecido artista da Globo, recém-demitido, e que ele teria dito:

> *Olha, é engraçado porque assim, quando eu saí da Globo, parece que eu perdi a identidade, porque assim, eu sempre fui uma pessoa... super brincalhão e isso e aquilo, bem-humorado, era reconhecido por isso, por esse bom*

*humor tal e de repente eu senti que eu tinha perdido tudo, porque eu me senti tão mal, parece que tudo e eu fiquei vazio, só que aí depois de um tempo eu percebi que não tinha perdido isso, eu tinha perdido só o emprego.*

A partir desse depoimento, Mirra sentindo-se identificada com o artista da Globo, conseguiu iniciar um caminho de superação. Mirra criou uma empresa, com uma amiga demitida também da Boldo, para trabalho remoto como assistente virtual. Embora já tenha iniciado e obtido dois clientes, não mencionou essa atividade na ficha de identificação preenchida para a pesquisadora. Nos itens Empresa em que trabalha/Cargo/Tempo nesta empresa, mencionou os 39 anos na Boldo, como assistente executiva. Não fez menção à atividade atual como "assistente virtual", com sua sócia. É certo que afirmou: "É exatamente porque assim, por minha conta eu não iria atrás porque eu sempre achava que não estava preparada ainda". Referindo-se aos convites recebidos no percurso do emprego, de pessoas que considerava muito boas e que a ajudaram a "alavancar", identificando seu potencial. Mirra é exigente. Consideremos o que afirmou ao receber um convite para ser gerente de produto, pelas competências que apresentava:

*E eu de novo achava que não, não, essa não é a minha praia, eu não tenho preparo para isso. E eu quando quero fazer, quando eu vou fazer alguma coisa, eu quero fazer bem-feito, então não quero assumir nada que eu não sinta que eu tenho 100% de certeza ou de capacidade para fazer.*

Apesar de suas exigentes autoavaliações, que poderiam dificultar sua adesão identitária ao novo negócio, mesmo assim, Mirra parece

168   LUTO NA ORGANIZAÇÃO

defender-se da despedida da história empregatícia anterior, em que permaneceu por 39 anos. Está seguindo já novo curso laboral, em empresa própria recém recriada, mas lhe dá um aspecto de muito incipiente apesar de já ter conquistado dois clientes e em pouco tempo. Isso nos sugere que lhe seja muito difícil ainda desconectar-se da demissão sofrida, que lhe causa uma dor ainda muito eminente, como vimos.

Erva-cidreira chorou na entrevista com a pesquisadora, no momento em que relatou seu desligamento da sua chefe na produtora de filmes, com quem trabalhou por seis anos. Segundo contou, passou a cuidar da casa da chefe, "até coisas da produção, de filmagem e viagens, toda a rotina auxiliar, administrativa e financeiro, pagamentos". Afirmou:

> Até quando ela ia viajar, às vezes, no fim de semana ou que ela ia viajar para as filmagens, eu acabava ficando na casa dela, porque eu morava em Suzano, ela tinha dó e ela: "Ah, fica aqui, dorme em casa". Então quando ela viajava eu cuidava da casa e dos cachorros. Então aí que mistura tudo (ri). . . . Eu acabei pedindo a conta porque eu achei que ela não tinha coragem de me demitir. Então eu percebi e falei: "Olha, vamos fazer um acordo, eu acho melhor. . . eu tô vendo o volume, daqui a pouco você vai precisar fazer essa. . . esse desligamento, ou então readequar as despesas e eu acho melhor assim. . . se você fizer um acordo comigo, eu te devolvo multa, você me manda embora e eu te devolvo a multa, porque a empresa gasta mais com esse tipo de acordo, mas você não fica onerada e eu também fico livre para procurar outras coisas".

Como para Mirra, foi o desligamento que fez com que Erva-cidreira se emocionasse e chorasse, mesmo que tenha sido ela mesma que o providenciou. Erva-cidreira incomodou-se com o choro que não conseguia reter e disse que não achava que isso "estaria no *script*". A pesquisadora, vendo seu incômodo, perguntou-lhe se não chorava. Erva-cidreira respondeu-lhe: "Não aqui na empresa". Ficou evidente que ali não era lugar para se emocionar.

Erva-cidreira emocionou-se bastante ao contar sobre seu estressante trabalho em um buffet infantil, cujo ambiente sentia como muito opressor, e revelou que chorava, mas pareceu oscilar entre achar que não havia motivo para o choro, ou que ele lhe trazia alívio, possuindo então uma função. Por não compreender a origem do choro emergente, chegou a considerá-lo sem motivo:

> *O choro lá era um choro de. . . tô perdendo, mas é pra eu viver. Eu acho que era um choro de alívio e de tipo, é uma perda material, mas eu vou morrer e não vou levar nada. Eu vou saber passar por isso. E escolhi me manter alegre pra poder, mas também não sei se é alegre, a palavra, mas eu acho que eu sou o tipo de pessoa que ri até quando está tudo dando errado, dou risada quando não pode (ri), rir de tudo é desespero, talvez seja isso mesmo. Mas lá eu chorava algumas noites e sem saber, sabe quando você só chora para aliviar o peito? Acho que foi isso, eu chorei bastante, mas era um misto de choro de alívio e no dia seguinte estava tudo bem. (voz chorosa) Mas por várias noites eu chorei, muitas noites eu chorei, sem motivo. Ou com todos (dá risada). Mas não, mas é que eu não pensava porque se eu parasse para pensar,*

*eu ficava... eu não sei o que poderia acontecer comigo, de verdade assim, agora reparando, na trajetória... (chorosa)*

Erva-doce chorou muito e quando a entrevistadora se ofereceu para ir ao banheiro buscar mais lencinhos de papel, ela recusou. Fui buscar mesmo assim, porque havia necessidade, mas ela parecia não conseguir sair da posição de secretária, de que é ela que dá assistência. Era preciso que eu fosse, para não expô-la chorando, no corredor, fora da sala e sob os olhares dos colegas de trabalho.

A situação da entrevista com Erva-Cidreira, portanto, transformou-se em espaço de continência, reduto de significação e ressignificação da experiência da perda e do enlutamento em curso. Ela mencionou, até mesmo, ser a primeira vez que falava sobre isso. Procurava não pensar para se manter em pé preservando o labor. Disse-lhe que podíamos então entender seu choro, do qual tentou se defender inicialmente: ela estava sofrendo. Erva-cidreira concordou revelando a total falta de espaço para sua tristeza na organização do trabalho:

> *(chora sentida) Porque eu não consigo enterrar, é como se fosse um loopizinho. Pode ser que quando eu aprenda a minha nova área, que eu tenha uma nova função, eu consiga desapegar, mas é muito estranho, você querer viver e finalizar uma situação, quando... você vê que não... (chora) Então, assim... você vive o luto, eu tô em processo, porque eu tô negando, né, então só viver... mas agora eu tô vendo que estou sobrevivendo (chora). Eu tô... sofrendo... Tô sofrendo (chora e assoa o nariz). É a primeira vez que eu falo disso, porque, na verdade, eu fujo nessas situações para poder fazer meu trabalho,*

*né! Nem comigo das meninas a gente falou abertamente, porque elas também devem estar, "meu, o que que aconteceu da minha vida, né!". Apesar delas estarem na área delas, mas a perda de qualidade de vida, de ter mais dois chefes extras, né? Sei lá, cada um tem. . . o fato é que as coisas mudam e você tem que achar um meio de fazer o melhor. Mas eu ainda tô procurando, o caminho do bem. É isso (assoa o nariz) nossa quanto choro meu Deus. Acho que eu guardei desde dezembro. . . . É. . . de pensar isso também, porque. . . minha válvula de escape é não pensar né. . . (assoa o nariz) não pensar voluntariamente sobre isso, mas, não é que você não pense, os pensamentos vêm né, as coisas que você não resolve, é como se ficassem na nuvenzinha assim (chora). . . (suspira) Ôih. . . ter que seguir! Continue a nadar! (assoa o nariz).*

Ao adiar o luto ou até mesmo negá-lo, Erva-cidreira gerava o terreno para o processo de luto complicado. O choro o denunciava. Seria o choro expressão possível das mulheres trabalhadoras? Os entrevistados masculinos descreveram impactos fortes, porém não choraram, mas emocionaram-se.

Mogno, ao contar sobre a conversa com a médica a quem procurou para uma consulta na pós-demissão da Eucalipto, falou que se emocionava. Mais para frente na situação de entrevista com a pesquisadora afirmou:

*Eu me emocionei um pouco em alguns momentos, porque a. . . é uma coisa, eu me lembrei de alguns fatos, mas já tô bem de novo, já passou. . . achei que não ia me emocionar, não, falei "caramba, eu vou contar". . . Mas vamos lá, eu tô forte! Mas você começa a contar, você começa a emoção vem. . . . É, fazia tempo que eu não fazia, não pensava lá atrás quando eu comecei com 15 anos, que meu pai me colocou, fazia tempo que eu não pensava nisso. . .*

Mogno recompôs-se rapidamente.

## 2 – Questão de identidade – "vestir a camisa" e a empresa como sobrenome

Pensemos neste tema da identidade pessoal sobreposta à identidade organizacional por meio de uma afirmação de Erva-cidreira:

*Para a empresa que eu trabalho, eu sempre visto a camisa. . . eu acabo agregando funções. . . . Então, assim, a maior perda, eu não sei se dá para definir dessa forma, perda minha que foi o meu emprego, né, e é essa coisa de, a princípio, parece perder a identidade, realmente é muito forte assim, é muito forte, porque é engraçado até, quando você tá numa empresa, né, você ligar para alguém e a pessoa pergunta: "Ah, de onde é?". É a Mirra da Boldo. Aí de repente saí da empresa e quando ligo para alguém, "Mirra, de onde? Aí você não tem de onde dizer. (riso nervoso) Então parece que você perde mesmo a identidade, né, assim, no primeiro momento, mas assim, se for para colocar mais de uma, eu diria que foram as duas grandes perdas.*

Se o sujeito edifica sua identidade, ou seja, os alicerces da construção de sua personalidade e do seu autoconceito, por meio das relações de trabalho, se elas lhe faltam, é como se ficasse arremessado ao vácuo, não sem nome, mas sem sobrenome. Órfão, sem origem de filiação profissional. O filho posto para fora de casa pode encontrar um lar profissional substituto, mas não imediato, se foi surpreendido de modo abrupto. É diferente a situação do trabalhador que deseja uma transição de emprego e começa a experimentar processos seletivos para outro cargo e que, ao conseguir, planeja também seu desligamento da empresa anterior, trabalhando uma passagem em que tanto ele se prepara, quanto as duas empresas envolvidas – a que perde o funcionário e a que o recebe – também o fazem. Sensações de despersonalização podem gerar *actings out* e transtornos físicos e psíquicos inesperados, promovendo adoecimento, como discutiremos mais adiante ao pensarmos um trabalho de prevenção e promoção de saúde direcionado a trabalhadores.

# 4. Sofrimento psíquico no trabalho relacionado ao enlutamento por perda(s) vivida(s) no contexto laboral e políticas de gestão e de prevenção da saúde mental do trabalhador

É possível que muito do sofrimento psíquico vivido pelo trabalhador no ambiente de trabalho possa ser evitado, se houver uma comunicação mais clara, maior continência às necessidades do trabalhador, a partir de uma escuta mais dedicada, interessada. Vimos que em situações de demissão, acontece até desrespeito humano, quando o trabalhador é dispensado como um item de descarte. Mirra expressou isso ao dizer:

> *Poderia ter me mundado embora, eu entendo que as empresas passam por reestruturação. . . acho que é a forma como é feito. . . mesmo que não fosse para continuar, mas que. . . sei lá, que tivesse alguma sinalização, sabe? . . . pra mim as informações nunca tavam. . . de repente, eu tô fora, por quê? . . . ficou esse vazio, ficou vago assim, sabe? . . . Eu fiquei muito surpresa.*

A sensação de coisificação, de que como ser humano o(a) trabalhador(a) transformou-se em um item de descarte, como acontece com máquinas que são consideradas obsoletas, é enorme fonte de estresse para esses(as) trabalhadores(as). Em alguns momentos, nossos entrevistados descreveram essa exata impressão. Vejamos o que Mogno expressou:

> ... ela queria, de certa forma, montar uma equipe dela aqui e ela foi eliminando, peça por peça. Como eu era o mais antigo e era eu... e era eu que tinha... fazia as aulas, ela falou: "Bom, provavelmente ele é uma pessoa... e eu vou tirar ele por último".... Eu já fui sacado da empresa.

As decisões sentidas como abruptas, sem considerar o estado mental do trabalhador, as comunicações instantâneas e a falta de tempo para se despedir de uma condição de trabalho mostraram-se ser elementos fortemente estressores para nossos entrevistados. Como afirmou Zanelli (2014, p. 333):

> A globalização progressiva, as reconfigurações nos quadros de empregados, a modernização e rapidez dos avanços tecnológicos são relatados como fatores que estão na origem do estresse patológico (Ovejero Bernal, 2010). Alteram-se as condições econômicas, sociopolíticas e demográficas – o que afeta a qualidade de vida e a saúde. As exigências por adaptações constantes atingem a racionalidade, emoções e comportamentos e tornam vulneráveis aqueles que têm dificuldades de enfrentar as pressões.

Nossos entrevistados revelaram ser indivíduos fortes – são dedicados, estudiosos, procuram corresponder a metas traçadas, passaram por várias experiências profissionais, mesmo que na mesma organização, como é o caso de Mirra que chegou até a pertencer a uma equipe no setor da empresa na América Latina e tantas outras boas condições que poderiam ser arroladas –, não se tratando de indivíduos estruturalmente vulneráveis. Cabe arriscar dizer que a vulnerabilidade se apresenta quando deles são exigidas habilidades robotizadas, como: exercer uma função para a qual não se tem preparo e não se recebeu treinamento (Erva-cidreira e o campo da licitação); entender e aceitar a própria demissão em uma única manhã, após 39 anos, e sem adequada comunicação humana (Mirra e seu desligamento); corresponder às expectativas de gestor mesmo que elas infrinjam dano à própria maneira de olhar as relações com os clientes, negligenciando condições de saúde e do bom diálogo (Mogno e sua pneumonia); e ter que trabalhar horas contínuas sem almoço ou pausa para descanso (Coelho em trabalho noturno e Mirra com reuniões marcadas para as 18 horas, horário em que deveria deixar a empresa).

Há de se pensar que o ambiente organizacional tem seu papel na imputação de dor e dano ao trabalhador, fomentando perdas, lutos e complicações de saúde física e mental. Esse terreno mostra-se profícuo a desencadear processos de luto que se compliquem, como o de Erva-cidreira, que após perder seu cargo e ser direcionada a outro para o qual não tem preparo, passou a sentir-se sem um braço e "morta-viva", nadando em um aquário como Dori, a peixinha, sem rumo certo.

As manifestações de estresse apareceram ainda associadas:

## A – Ao volume de trabalho

Sabemos que a mente humana suporta um tanto de atividade diária e que necessita de repouso para se restabelecer, após esforços empenhados. Prova disso é que temos em ação outros hormônios no período de sono noturno, que não estão presentes durante o dia, exercendo restabelecimento em nosso metabolismo. As demissões no ambiente laboral, em geral, promovem a quem fica, afora sua própria carga de trabalho, que realize o trabalho de outros que partiram da empresa. Isso foi muitas vezes encontrado entre nossos entrevistados, por exemplo, quando Erva-cidreira menciona ter ficado no exercício de múltiplas tarefas ou Mirra assistindo mais diretores ou cuidando de mensagens trabalhosas de fornecedores pós-almoço, em meio a outras atribuições. Mirra expressou sua fadiga:

> ...foi um período assim muito, muito difícil, na questão de muito trabalho, muito trabalho, porque como eu já tinha bastante tempo na empresa, eu já conhecia muito. Tinha essa facilidade de relacionamento com as pessoas e então assim, toda a força de vendas, né, me conhecia, então eu acabei assumindo atendimento para as maiores equipes que tinham...” como assistente de secretária nós fazíamos de tudo, nós éramos às vezes... quando precisávamos, éramos gerentes, éramos tudo e fazíamos eventos e fazíamos tudo...

Em uma das fusões entre empresas, chegou a voltar do almoço e encontrar 50 mensagens gravadas em seu telefone e ela acabava retornando a todas as mensagens porque sabia o quanto era importante aos representantes “desesperados” por informação. Nesse período, passou a sair da empresa, às vezes, quase 22h.

O volume grande de trabalho, como o ter que lidar com um "monte de gente", "um monte de papel", como exemplificou Mirra, nem sempre, porém, é vivido com desprazer, embora gere estresse, desde que haja algum gesto de gratidão e reconhecimento. Mirra nos fala sobre isso, quando ao final de uma convenção de que fazia parte da equipe de organização, o presidente agradeceu ao grupo, mostrando mais uma vez que o reconhecimento é sentido como necessário. Mirra contou que foi uma choradeira, que todo mundo se abraçou chorando e isso trouxe ao grupo uma sensação de que valeu a pena. Chorar de alegria ou como expressão de alívio parece encontrar espaço de permissão.

A mesma experiência de estresse relacionada ao volume de trabalho foi relatada por Erva-cidreira no tempo que trabalhou em um buffet infantil, desdobrando-se em uma substituição a uma gerente afastada por *Burnout*. Erva-cidreira acredita que não tem talento algum para a área de vendas, mas teve que vender festas por estar no lugar da funcionária afastada. Sentia-se pressionada pelo dono:

> *. . . foi um período muiiito difícil da minha vida porque. . . nesse trabalho, gente, foi assim. . . uma das piores experiências que eu já passei, eu acho, porque. . . além do dono ter uma relação difícil com os empregados, ali ele era muito autoritário, apesar da equipe ser muito boa, ele não tinha uma responsabilidade. . . ele não tinha um senso de responsabilidade, então assim, eu entrei como auxiliar financeiro e a gerente da casa na época tava com Burnout e ela não tinha sido diagnosticada ainda, mas a gente. . . eu, quando eu entrei, eu senti que ela tinha algumas dificuldades, sempre trabalhando de oito da manhã às onze da noite, de domingo a domingo, acumulando funções e aí logo éh. . . Eu não sei em que momento de*

*verdade, nesse pico que eu falava "você não tá bem. . .
vai fazer uma atividade física, vai procurar ajuda, não
é normal esse volume de trabalho". Ela ficou doente, eu
acabei me vendo fazendo a função dela, vendendo, que
eu não tenho talento nenhum para vendas, mas ele tinha,
ele colocava uma pressão que a gente tinha que vender
porque as vendas de festas que a gente fazia, era para
pagar os nossos salários e fornecedores e as. . . sabe, não
tinha um volume de caixa e foi insano. . .*

No emprego como estagiária na Asfalto (empresa rodoviária),
Erva-Cidreira teve perda financeira, mas alcançou sossego:

*Eu tinha tempo de conversar, sabe quando você aprende,
reaprende a viver num ambiente que eu achava estranho,
que eu recebia no dia e não era estranho, era obrigação,
receber nos dias, do tipo de olhar a conta no dia que tem
que tinha que receber e o dinheiro. . .*

Já na Boldo, como assistente da secretária do presidente, afligiu-se mais com a responsabilidade da função e expectativa sobre seu desempenho:

*Trabalho insano, muito volume, não podia falhar também
porque retrabalho na presidência é uma das coisas que
é tipo inadmissível, porque eles não gostam de assinar
o mesmo papel duas vezes, que dirá aprovar, qualquer
pedido de cumprir qualquer coisa, então, é um trabalho
que você tem o peso da responsabilidade de novo, mas
mesmo assim, na minha área, finalmente minha área.*

Quando Erva-cidreira perdeu o cargo de secretária júnior na Boldo e teve que se deslocar para o setor de licitação, Erva-cidreira parecia iniciar outro caminho estressante, talvez até no nível que lhe tenha representado o trabalho no buffet infantil. Em suas próprias palavras:

> ... que é a área que eu tô então desde novembro, mas mentira, eu não tô, eu fui pra a área, mas aí na área eu tô cobrindo a licença maternidade de uma pessoa que meio fazia a assistência para a área toda, ela volta agora em abril, então finalmente eu vou começar, eu tô levando dois chapeuzinhos, né, tentando aprender a minha área, que eu fui cuidar, que é licitação, que é totalmente diferente, que eu nunca nem vi e fazendo assistência para força de vendas Brasil. (chora)... Eu tenho que dividir meu tempo porque eu tenho que aprender a área que eu efetivamente vou.... Que eu não tenho nenhuma formação, mas tô empregada. Tentando achar o ponto.

## B – Ao contrário, ao pouco trabalho

Nas situações em que o trabalho não fica desafiante e prazeroso, há mesmo quem clame por mais trabalho. Assim se sentiu Mirra, ao dizer:

> ... houve um momento que eu me senti meio ansiosa, eu não sei trabalhar com pouco, eu funciono melhor com muito mais coisas para fazer. E aí eu cheguei para o meu chefe e falei, tá faltando alguma coisa, eu preciso de mais trabalho, né, e ele falou: "Bom, o que você gostaria? O que você acha que poderia fazer que seria legal?"...

## C – À falta de contato humano pessoal

Ao longo de 39 anos, Mirra deu assistência a diversos diretores. Parte deles agia de modo mais impessoal, como a diretora, com a qual ela tinha que falar correndo ao seu lado para poder tratar o serviço ou aqueles que nada lhe perguntavam sobre sua vida pessoal. Em geral, nossos entrevistados revelaram necessidade de manter um mínimo de relacionamento mais pessoalizado nas relações de trabalho, inclusive nas hierárquicas. Mogno mantinha amizade com os clientes em suas relações comerciais e chegou a ter conflitos com sua gestora por ela desaprovar esse seu método; Erva-cidreira apreciava demais a amizade estabelecida com suas nove chefes secretárias; e Mirra frequentemente indicou sua necessidade de comunicação humanizada com o diretor ou diretora ao qual iria assistir:

> . . . *só para você entender, quando eu passei a atendê-la, ela demorou duas semanas para falar comigo, assim, para sentar comigo e dizer, ah, então tá, você vai me atender e vamos conversar para você me conhecer e saber como é que eu funciono. Não teve essa conversa, não teve. Então, aí, duas semanas depois, ela me chamou e foram 15 minutos de conversa, só para me dizer o que estava em andamento, já para começar a tocar. Eu comecei a perceber, que, né, o negócio acho que não tem mais muito essa coisa pessoal, é. . . realmente é só, é só profissional, mas assim num sentido, que pra mim é a questão do profissional não é só. . . não é questão de ser amigo, não é isso, mas de você ter um relacionamento também, conhecer a pessoa com quem você está trabalhando, para que as coisas funcionem melhor. . . na verdade os dois, quando vieram trabalhar comigo, não tiveram*

*uma conversa de também entender, de perguntar quem eu sou, né, (a fala estremeceu, abalou-se) ah, como você é, enfim, como eu trabalho, aquela troca que eu tinha tido com o anterior que pra mim foi fundamental assim, que funcionou super bem, então eles nem sabiam, na verdade, acho que nem sabiam, se eu era casada, se eu era solteira, se tinha filhos, se não tinha filhos. . . Então eles ficavam em um lado do L, nós ficávamos do outro. Então, na maioria das vezes, assim, éh, a gente nem via, nem tinha contato assim com a pessoa, nem de falar um bom dia, nem nada. E aí, então, as. . . as comunicações eram basicamente por WhatsApp. . . Por que eu não consegui entender, pra mim as informações nunca tavam, eu falei, gente, eu passo a revisão de metas, daí eu pergunto, "não tá tudo bem, tá tudo bem, tá tudo ótimo", aí eu sou chamada para isso, para aquilo, e de repente, eu tô fora, por quê? Então, isso para mim ficou. . . ficou esse vazio, ficou vago assim, sabe? Às vezes eu até penso em mandar uma mensagenzinha para ele, para tomar o café mesmo, mas logo desisto. (riso mais nervoso) Não sei se valeria a pena.*

Quando o contato pessoal existe, o ambiente de trabalho é muito valorizado. Vejamos Mirra falando de certa época da sua trajetória, cinco anos atrás, na empresa Boldo:

*As pessoas não tinham essa distinção de cargo, né, tanto que eu tenho um grupo de WhatsApp, que eu participo, que é. . . o nome do grupo é "Amigos para sempre XYZ", que é daquela época e assim. . . quem está nesse grupo, uma das pessoas que está no nosso grupo foi nosso presidente daquela época, que até hoje assim, a gente... eles fazem às vezes éh... o churrasco, né, que eles chamam de "churrasco na laje", e ele sempre vai e ele tá junto e sempre foi assim, de ele chegar e viver abraçado com todo mundo, na empresa, ele era assim, ele chegava falando "Bom dia!" e passava falando "Bom dia" para todo mundo, então as pessoas trabalhavam pra ele até, assim, era pra a empresa, mas assim, por que o cara era tão... tão bom, tão gente boa, que todo mundo assim fazia o máximo para que ele se sobressaísse cada vez mais.*

Observamos, com isso, que a relação sofrimento $x$ prazer no trabalho é uma equação que depende do quanto a valorização dos vínculos interpessoais está presente. Mirra, por exemplo, deixa isso claro e é atenta a como diretores e colegas lidam com o contato nas relações interpessoais no ambiente de trabalho. Sentiu forte lealdade a um de seus chefes que foi demitido por duas vezes na empresa. Disse:

*... a preocupação dele, ele já tava saindo da empresa, mas a preocupação dele é com as pessoas que ele ia deixar. Era importante ele apresentar para o novo diretor, quem era cada uma dessas pessoas, a essência de cada uma, não só a competência, mas a essência de cada uma, então, eu ficava assim, Meu Deus, como é que ele pode ser tão bom ao ponto de, né, ele estar nessa situação e se preocupar com os outros que vão ficar, então assim, pra mim foi um choque muito grande, assim, a saída dele...*

Erva-cidreira encontra prazer no trabalho por meio das conversas que pode estabelecer com os demais e na possibilidade de aprender sempre mais. Vejamos como ela se expressa:

> ... eu conheci as minhas nove chefes, quando entrei como estagiária também e aí eu já estava na minha área da faculdade, foi a maior alegria trabalhar na minha área e aí eu falei "agora eu vou aprender, né, muita coisa, muita gente", nove mulheres, nove chefes, cada uma de um jeito, foi muito legal porque... cada uma tinha sua particularidade, eu tinha que aprender a falar com cada uma delas e eu acabei meio que prestando atenção, você acaba se aproximando, você fala: "Hum, hoje não é um bom dia para falar com ela, esquece". Não sei te explicar (cai no riso), mas assim... deixa quieto, acho que não, mas de olhar as pessoas, você acaba meio que pegando o jeito, então.... Observava admirando porque... tinha coisas que eu falava: "não, isso não quero fazer não". Não, isso não, isso sim e eu ia pegando o melhor de cada uma delas, então, isso foi muito bom. Por eu já ser uma senhora estagiária, eu tinha vantagem sobre as meninas novinhas também porque, né, aqui eu também conseguia aprender as coisas mais rápido e então me relacionar. A Boldo é uma empresa totalmente relacional, então, assim, você tem que conhecer pessoas e conhecer as áreas porque se você receber uma demanda, você tem que saber por onde você corre, porque é literalmente isso, tem que resolver rápido. Então não tem problema de falar com as pessoas, agora eu não tenho.

Coelho também sofreu por privação de contato com outros trabalhadores, seus colegas, seus pares. Após sua saída do estágio foi contratado por uma empresa de "alimentação industrial" (descrição do entrevistado) e, segundo ele, a empresa tinha um perfil muito tradicional, era uma empresa familiar. Informou que a faixa etária dos trabalhadores era entre 35 e 40 anos e que ele era um moleque de 21 anos que entrou com "energia total", respondendo diretamente para a diretora, que era filha do dono. Pensa que devido a isso, recebeu "muito bloqueio" de seus pares e contou que chegou a almoçar sozinho entre seis meses e um ano. Afirmou: "Eu tenho muita história puxada". Até que isso se resolvesse, Coelho mencionou que "comeu o pão que o Diabo amassou" nesses relacionamentos no trabalho. Superando essa fase a que denominou de "complicada", passou a ter amigos nessa empresa, tendo mantido alguns desses relacionamentos até no período posterior ao seu desligamento.

## D – A perdas de vínculos ou chegada de novas pessoas

A saída ou, até mesmo, a chegada de um novo trabalhador no coletivo de trabalho gera uma modificação na rede de laços interpessoais existentes. As demissões em massa denominadas nos ambientes de trabalho de muitos dos nossos entrevistados por "reestruturações" causam verdadeiros dilaceramentos na rede relacional existente.

O psicanalista francês Pierre Benghozi (2010) propôs uma perspectiva psicanalítica do Vínculo por meio de um processo em que descreveu uma malha como unidade de continência e tratou de processos de desmalhagem e remalhagem. Benghozi afirmou (2010, p. 19): "Os avatares da transmissão genealógica se traduzem por uma fragilidade do vínculo, um risco de furos, de rompimento, até mesmo de quebra da malhagem continente e, portanto, da função continente".

Se criarmos uma analogia com essa proposição de Benghozi, podemos tomar a organização como a malha que precisa se mostrar continente às condições e necessidades do trabalhador para que também ele possa entregar satisfatoriamente o produto do trabalho encomendado, ou seja, para uma produção humana, necessitamos de condições laborais humanas. A exigência por parte da organização além das condições reais do trabalhador, a disseminação de um ambiente constantemente inseguro e fluido, deixa o trabalhador amedrontado e inseguro; essas condições são desfavoráveis à boa produção, promoção de saúde mental e boa qualidade de vida para todos que da organização participam. As frequentes "reestruturações" realizadas com parcos recursos de comunicação e a instantaneidade com que desligamentos e até admissões ou recolocações são feitas geram possivelmente o que Benghozi (2010) denominou por desmalhagem. Onde há desmalhagem requer-se remalhagem. Desconstruir e reconstruir o laço psíquico humano nas organizações, no modo como tem sido realizado, de acordo com o que ouvimos de nossos entrevistados, beira a violência e desfavorece a capacidade de malhagem dos laços humanos. A feição abrupta que assumem os rompimentos torna o desligamento do trabalhador um advento traumático.

Esse esgarçamento dos laços descrito por Benghozi (2010) é flagrado na fala de Erva-cidreira, quando investe muito para expressar para a pesquisadora o quanto lhe dói a perda das parceiras de trabalho, do convívio com as nove secretárias que ela assessorava na empresa como Secretária Jr e com quem se sentia protegida e assegurada no ambiente. Viveu isso como se lhe faltasse um membro e deixou muito claro que esses vínculos lhe faltavam e que morria de saudades dessas colegas:

> *Então a gente já não fica mais juntas e tá sempre todo mundo correndo, porque o volume de trabalho dobrou*

*para todo mundo. . . . O sentimento que ficou foi de saudade e de uma perda assim. . . para mim é como se tivesse saído um bracinho meu. Eu penso nelas, eu as vi no final do ano, a gente jantou juntas, assim. . . tipo de dezembro, éh. . . semanalmente, foi super difícil porque algumas foram tomando o seu rumo. . . Elas também têm a preocupação de se recolocarem. Então, estão todas. . . nos dilemas da vida, da vida que segue, cada uma na sua luta, mas assim eu morro de saudade delas sempre assim e por mim. . .*

A construção de novos laços não é fácil nem rápida e Erva-Cidreira tem consciência disso. Parece ter isso por meta, mas ficou evidente que se sentia bastante solitária no momento da entrevista com a pesquisadora, sem apoio, ao dizer que não tinha treinamento, apesar da área ser nova para ela, e precisava desconfiar da lealdade dos colegas, até que pudesse conhecer melhor seus pares. Disse:

*Tem o processo da área te aceitar também, né, porque da mesma forma que foi imposto para mim, para eles também, você não sabe se de verdade eles queriam alguém que você não conhece para trabalhar. "Ah! Lá vem essa menina que veio da Presidência aqui, o que ela está fazendo aqui?". "Será que a gente não vai poder falar as coisas porque ela vai contar para a presidência?". Então, meio que eu tento ser neutra, porque querendo ou não, eu estou chegando agora. Eu acho que assim, a gente tem que ser humilde, né, o que me manteve aqui foi a minha humildade porque se eu fosse uma pessoa sem noção que, se eu usasse o cargo que eu tinha para* ser arrogante com as pessoas, eu ia mudar de área, mas aí como eu ia ficar perante toda a empresa, né, tem isso também, agora falar "Ah! Mas agora você não está mais no Olimpo!", tem isso esses papinhos também, né, que ser humano é um bicho estranho, né. Então, eu chego na minha, tentando sempre não incomodar as pessoas, mas ao mesmo tempo dando espaço para ver quem elas são também. Então, no meu novo ambiente, eu não tenho mais o meu ambiente de alegria e cumplicidade que eu tinha com as minhas nove chefes, ou com a minha chefe que era a secretária do presidente, que a gente passava uns perrengues nervosos com o presidente, mas a gente sempre chorava as pitangas juntos, né, quem não tem problema? E na minha nova área tem que reaprender até quem são as pessoas com quem eu estou trabalhando, vou ter que conquistar as pessoas, mostrar quem eu sou, uma inimiga que eu não tô lá, que eu tô para contribuir, mas também para você contribuir por mais que você esteja cheia das suas boas intenções, as pessoas precisam ter uma percepção, depende das percepções que as pessoas têm de você e isso não está no meu controle e lidar com isso também, do tipo. . . (suspirou), quando você vê, gasta muita energia com tudo. Você tem que pensar estrategicamente como você vai se comportar, como que o outro vai reagir, como que você vai agir diante disso e por mais que eu esteja. . . dê uma melhora, pode não ser o suficiente, e tudo bem, ou não, porque eu posso ser injustiçada e eu posso perder de novo (ri). E eu confesso que eu não sei lidar com isso.

A presença de muita instabilidade e fluidez dos movimentos foi observada também com Mirra, já que ela descreveu que para além das fusões, ou seja, mesmo fora dessas ocasiões, a empresa multinacional deslocava e substituía funcionários, sem que se previsse as ocorrências eminentes, na maioria dos casos. Mirra forneceu inúmeros exemplos desses processos:

> *Ele foi. E aí veio um outro diretor. E aí esse diretor que veio foi aquele que tinha sido demitido lá quando teve a fusão com a Boldo e entristeceu todo mundo e quando foi anunciado, todo mundo: "Nossa, eu não acredito que ele de novo tá voltando". E ele voltou numa felicidade incrível porque a Boldo era também a casa dele, né, tinha trabalhado 20 anos já e há 10 anos ele estava numa outra indústria, mas quando foi oferecido para ele, ele estava bem na outra indústria, mas quando foi oferecido pra ele, ele não pensou duas vezes e voltou. Aí ele voltou e isso foi 2014, maio de 2014, só que aí no final do ano de 2014, houve uma outra reestruturação e aí o nosso* General Manager *foi ehh. . . nessa reestruturação ele foi enviado para trabalhar em Portugal e aí recebemos um outro* General Manager *que veio da Suíça e daí ok, ele chegou em janeiro de 2015 e aí ele começou a reestruturar todo o time dele, né, e aí, bom, realmente não teve química com esse diretor e pela segunda vez ele foi embora e de novo foi uma coisa terrível, assim, porque. . . ele tinha deixado, né, uma empresa, e um cargo bom, um momento bom que ele tava na outra empresa porque foi convidado pra voltar pra a Boldo, que era*

*a casa onde ele amava, idolatrava, e um ano certinho, assim depois que ele tava, na verdade, quem contratou ele foi um outro* General Manager, *e aí na mudança, o outro que chegou, achou que não era o perfil e aí ele fugiu. . . . a unidade era só eu e ele, depois disso veio um gerente médico, depois disso veio um gerente de produto, aí a gerente de produto que veio ficou duas semanas, ou três semanas, mas ela já tava num outro processo, acabou optando para ir pra outra empresa. . . . Foi ser o* General Manager *de outra empresa e aí de novo ficou aquela coisa, mas aí um mês e meio sem diretor de novo, né, até que veio um outro também de fora, mas aí começou tudo mudar, assim esse outro chegou em setembro de 2018, e aí. . . Ah um pouco antes disso, esqueci de te contar, em 2017, a empresa começou também fazer um. . . um novo processo das assistentes, eles começaram redesenhar o cargo das assistentes executivas, então o que que ficou claro pra gente, eles começavam aí a reduzir o número de assistentes de uma maneira geral, não só das executivas, mas também de todas as assistentes que existiam nas áreas e aí foi um processo também assim éhh um pouco tenso porque a gente teve que passar por um* assessment, *eles contrataram pessoas que vieram de fora para nos entrevistar também, então foi um período tenso, né, porque você fica "Poxa e agora? O que que vai acontecer?". A gente sabia que dali, realmente, algumas iriam sair, não tínhamos ideia de quantas, mas enfim, aí foram alguns meses nesse processo de entrevista, de redesenho, de remodelar. . . o X. pediu demissão, que*

> *foi no mês de junho de 2018, um outro diretor de uma outra unidade de negócios também pediu demissão e saiu da empresa, e aí essa diretora que eu estava atendendo acabou assumindo uma unidade de negócios, então, éhh depois que ela assumiu, eu fiquei sem chefe de novo, nem um, nem outro, porque uma área já estava aguardando, a chegada de um novo diretor, e a área dela também, ela foi para uma outra área e começou de novo um processo pra buscar alguém para substituí-la. . . . Eu tava pronta para esperar a nova pessoa chegar, mas eu tinha um outro diretor, que eu atendia, então, foi um pouco mais tranquilo. Mas assim, é sempre um desconforto, né, você ficar sem chefe, você fica meio sem rumo, né. . . (riso nervoso) o* General Manager *que chegou, ele mudou todo o quadro de diretores, então, todos os diretores saíram e, com isso, todas as pessoas também, gerentes, porque a Boldo começou a perder algumas coisas, as pessoas começaram a ficar insatisfeitas e muitos foram embora porque procuraram outro lugar e foram embora e outros porque foram demitidos. . .*

Em meio à forte rotatividade nesta multinacional, apesar de nossa entrevistada ter se mantido empregada na organização por 39 anos, o que parece até surpreendente, o fato é que os tempos não voltam, mesmo quando ex-funcionários, eles mesmos voltam. Há estresse com a falta de estabilidade, decorrente das mudanças sucessivas, seja para redução ou aumento do quadro de funcionários. Por vezes, toma o tom até de um efeito circular ou radioativo, como quando Mirra foi convocada a participar da demissão de um contingente razoável de funcionários, depois é o diretor dela que faz a demissão de Mirra e, na sequência, esse diretor é demitido.

Mirra descreveu instabilidade até mesmo no ambiente físico:

> *E aí nesse meio tempo também houve a mudança de...*
> *mudança física, né, de... da Boldo, ela mudou de prédio,*
> *então, foi toda uma mudança bem radical porque até*
> *então ficávamos todos juntos, éhh... as áreas ficavam juntas*
> *e quando mudou pro prédio que é atualmente, tudo*
> *diferente, tudo moderno, muito mais moderno e assim,*
> *as pessoas não têm mais locais fixos, né, então cada dia*
> *você chega, senta num lugar e... então a gente sentiu um*
> *pouco assim dessa mudança, de já não fazer mais parte*
> *do time, de não estar junto com o time... poxa vida, eu*
> *sempre gostei tanto de estar junto com as pessoas, né, de*
> *funcionar, de trabalhar junto com eles, e enfim, aquilo*
> *foi quebrado... muitas mudanças, é, mudanças físicas,*
> *né, de local mesmo de trabalho, é, diárias, mudanças de*
> *chefe, bastante coisa, né?*

Os processos frequentemente denominados por "reestruturação" correspondem a um contingente de demissões, que geram sempre estresse e ansiedade, instalando turbulências, em diversos segmentos da estrutura de trabalho, abalando o coletivo e atingindo mesmo quem permanece. Mirra, por exemplo, teve um diretor demitido duas vezes:

> *... teve a primeira leva do ano, né, de... de reestruturação,*
> *onde uma média de 70 pessoas foram demitidas.... E daí*
> *eu fui chamada pra ajudar, umas semanas antes eu fui*
> *chamada pra ajudar no processo por conta de, ah!, por*
> *eu ter experiência por eu ter a confidencialidade, por eu*

*ter a competência, porque até então, ah não a gente fez da outra vez com a área de eventos, informações foram vazadas e teve gente que também quando chegou no local que precisava chegar pra fazer as demissões que precisava fazer, não tinha... éhh... não tinha reserva feita, então foi um caos. E aí me chamaram, e eu não queria porque eu sabia que nesse momento eu teria acesso a... aos nomes das pessoas, né, que seriam demitidas e eu não queria lidar com isso porque eu sabia que provavelmente tinha muita gente que eu conhecia.... Fui, num primeiro momento não tive acesso, nem queria ver, até quando projetaram a planilha, eles até esconderam os nomes mesmo, o que eu achei ótimo, mas enfim, uns três, quatro dias antes eu acabei tendo acesso, né, aos nomes das pessoas, e tal, mas enfim, fiz o meu trabalho como tinha que ser feito e assim, ao final do trabalho, meus dois diretores receberam e-mail me elogiando, dizendo que tinha dado tudo certo... eles começaram a trabalhar em revisões, revisões, revisões financeiras, então isso era invadido a todo momento, aí a gente começou a fazer dessa forma, toda semana a gente sentava normalmente na sexta-feira por uma hora para rever toda a agenda e bom, isso aconteceu essa primeira reestruturação no mês de maio... aí quando foi em outubro, que foi quando eu fui demitida...*

Mirra enxerga o vínculo empregatício como muito temporário, apesar de ter permanecido por 39 anos na Boldo, o que a desestimula a buscar novo emprego no mercado de trabalho brasileiro. Vejamos o que diz:

> *As empresas estão, né... bom eu tenho a minha referência a indústria farmacêutica e... de várias pessoas que trabalharam comigo, ao longo desses anos, que saíram, foram para outras empresas, quando a gente se encontra, falam assim, "ah é tudo a mesma coisa, é tudo igual, só muda mesmo o endereço e tal" e daí eu fico pensando, poxa será, não sei se eu estou preparada para voltar e outra, e aí eu comecei a pensar, né, eu estou com 53 anos, se eu voltar agora, é óbvio que eu não vou ficar mais 10 anos numa empresa, porque, primeiro a questão da idade; segundo, hoje em dia, as empresas não ficam mais assim, quem tá muito tempo é obsoleto, é coisa de três anos, no máximo três anos, as pessoas já estão saindo, estão vindo outras e aí eu pensei, não sei se eu vou me adaptar a isso.*

As fusões são também sempre promotoras de estresse. Mirra expressou isso muito bem ao comentar a experiência que viveu com a fusão da Boldo a outras duas multinacionais. Segundo ela, eram três empresas – uma americana, uma francesa e uma alemã –, cada uma com uma cultura diferente:

> *A americana já tava assim avançada na parte da tecnologia e a alemã e a francesa ainda estavam na época do carbono, então assim, muita coisa a americana já fazia pelo computador, formulários e tal, enquanto as outras duas era na base do carbono, formulário, né, físico com carbono, então, nossa! Foi um auê assim, porque éhh... eram dois diretores de marketing, marketing e vendas e um de uma empresa, outro da outra, eram três na verdade, mas o terceiro, ele mesmo acabou indo embora,*

196    SOFRIMENTO PSÍQUICO NO TRABALHO...

> *não quis ficar, eram dois, e aí é aquela confusão e quem era da parte da... da... americana reclamava, que "não, vou ter que fazer isso agora com carbono, que absurdo! Tô andando para trás!". Aquilo... mas assim, mas por outro lado, a gente tinha assim, éhh... nós éramos muito ouvidos pelos diretores, porque eles nos chamaram para uma reunião, e falaram: "Óh, vamos fazer o seguinte? A ideia é a gente sentar aqui e a gente captar aquilo que é de melhor para todo mundo, né, porque a gente tá no meio de uma confusão e a gente deve... cada um tá com um recurso diferente e tal. Tem coisas que a gente consegue mudar já a partir de agora e tem coisas que não, que vai depender de um tempo maior, mas a gente precisa que, nesse grupo a gente se ajudar e saber que está todo mundo no mesmo barco buscando uma solução".*

Diversidade intercultural apareceu, portanto, também como um elemento estressor, quando sem qualquer trabalho por parte da organização na direção, de uma integração entre os funcionários de diferentes culturas. O "amontoar" pessoas sem regras prévias ou treinamento exerceu forte impacto nas equipes de trabalho. Coelho bem definiu o estresse em período de mudança, ao dizer: "Toda transição demanda muita energia, porque você entra em uma nova cultura, você conhece pessoas novas".

## E – À violência de tipo assédio

Este tema emergiu em conversa com Coelho. Ele mencionou ter sofrido assédio tanto moral, quanto sexual, como descreveu. Contou:

*Ouvi coisas do tipo "Eu só te contratei porque você. . . porque o outro candidato tinha sofrido um acidente". Ouvi que ele achava que a equipe era um rato. Já fui preso em sala e colocou a mão na minha mão. . . . Já me mandou foto de cueca. Só que é isso assim: como eu tinha necessidade, era. . . parecia que era uma coisa dos sonhos, eu não tava. . . eu não consegui me colocar naquela situação, né! E eu cheguei assim até a passar mal na empresa. Eu cheguei a ir para o pronto socorro. Ninguém falou que era porque eu estava estressado, mas no fundo, no fundo, tudo, tudo faz parte de uma coisa só, né! Tive piripaque, ih. . . tive um monte de coisa. . . . Só que é assim, esse que é o ponto. Você vai carregando, né, então, desde a alimentação, sofri mega rejeição, fiquei um ano almoçando sozinho. Reverti, mas as dores ficam, as dores que você passou ficam. Fui para outro lugar, achei que ia ser o sonho, co. . . Meu! Fui maltratado, eu era excluído de tudo. Ich! Um monte de B.O.*

Coelho não se defendeu judicialmente por meio da abertura de um processo de assédio contra seu chefe porque pensava que poderiam não acreditar nele, já que o chefe possuía um bom cargo, ministrava conferências, por exemplo, e também porque acreditava que ficaria prejudicado no mercado quando saísse em busca de um novo trabalho. Embora no emprego seguinte não tenha tido problemas relacionados ao assédio, pensa ter carregado "aqueles traumas". Disse que ficou mais ansioso e mais reativo por conta do que passou. Após revelar a experiência de assédio, afirmou ter "problema de ansiedade".

## F – Ao medo do novo e à necessidade de rápida adaptação

A necessidade de gerar mudanças faz emergir em nossos entrevistados certo medo do novo, do que está por vir. Mirra relatou o esforço para tentar formar opinião sobre um relacionamento novo e mostrou como o novo pode ter seu bom desenlace e tornar-se satisfatório, embora pareça sempre ser trabalhoso. Referindo-se a um novo diretor a quem prestaria assistência, descreveu:

> . . . foi criada uma nova unidade de negócios pra um produto que ainda não existia, que seria lançado, e aí veio o novo diretor, que veio também de fora de uma outra empresa. E aí bom, éhh eu tive assim já de imediato assim uma conexão muito forte com ele, foi muito bom assim. . . . Você tem que pensar estrategicamente como que você vai se comportar, como que o outro vai reagir, como que você vai agir diante disso e por mais que eu esteja. . ., dê uma melhora, pode não ser o suficiente, e tudo bem, ou não, porque eu posso ser injustiçada." . . . "e foi assim uma conexão muito forte mesmo. A pessoa muito do bem, muito do bem. E aí foi, a gente se deu super bem, começamos o trabalho. . .

Mirra, porém, após sua demissão, referindo-se ao novo trabalho de assistência remota iniciado com uma amiga também demitida, afirmou:

> Só que é muita coisa nova pra gente, assim, é muita informação, a gente tá fazendo vários cursos, é muita informação.

Medos podem advir também de fatos da vida pessoal, por exemplo, Mirra preocupou-se com a manutenção de seu emprego, por ocasião da gravidez de seu primeiro filho, sem conhecer como a empresa se comportaria diante das suas necessidades como gestante, introduzidas nos processos de trabalho. Comentou:

> . . . acho que dois meses depois eu engravidei do meu primeiro filho, né, e aí aquela coisa, fiquei morrendo de medo. . . eu nossa! Tô tão recente na função e já engravidei. . .

Mirra observou que não houve qualquer problema em relação a esse fato. Experimentou o medo, ainda em relação às condições de trabalho:

> . . . veio a primeira oportunidade para fazer um evento internacional. Aí veio aquele medo absurdo, né, vou ou não vou, então foi um grande desafio para mim. . .

O medo apareceu também associado à busca por trabalho futuro em outras organizações. Mirra foi indicada por uma amiga para uma vaga de secretária de uma gerente e ela acredita que não se saiu bem porque no fundo não queria ir:

> Nossa, acho que eu não demonstrei aquele interesse todo, né, mas acho que é porque eu realmente não tava, não sabia o que eu queria ainda, não tava preparada, ainda tava abalada com a questão da perda, então, éhh, eu não passei na entrevista. . . . Mas eu não fui, não sei, eu comecei a olhar aquilo, falei ai meu Deus, e agora, o que

*que eu vou fazer, né, porque eu não sei, não tô muito
assim convicta de que eu quero voltar para esse mercado,
mas é confuso, Maria Luiza, porque ao mesmo tempo
eu tenho vontade às vezes de estar naquele ambiente de
empresa, sabe, de estar com as pessoas, né, de participar
dos eventos da empresa com as pessoas, e então, eles se
alternam, sabe?*

Como forma de lidar com a situação de amedrontamento, nossos entrevistados, em geral, buscaram confortar-se com pessoas e/ou pedir-lhes ajuda. A necessidade de rápida mudança e adaptação abala justamente esta premissa: se é possível contar com os demais. Akita expressou que no ambiente já conhecido, sente-se bem recebida, porque em um olhar entende o que o cliente quer, conhece bem seu chefe e tem boa leitura dos colaboradores. Já no ambiente novo, volta ao zero, não é reconhecida, porque por ser uma peça nova no jogo é necessário construir uma relação de confiança.

Vimos que nossos entrevistados se esforçam por superar vivências estressoras e que encontram dificuldades provenientes do ambiente de trabalho. A resiliência para ultrapassar obstáculos vividos na trajetória de trabalho foi encontrada em todos os entrevistados desta pesquisa e parece estar diretamente conectada ao *networking*, ou seja, ela é auxiliada, engendrada, por meio dos relacionamentos mantidos pelo trabalhador. Por resiliência compreende-se, nesse contexto, a capacidade de superação de indivíduos ou grupos de exercer o enfrentamento de efeitos nocivos de vivências adversas que trazem grandes sofrimentos. Assim, a recuperação de indivíduos ou grupos, o potencial para resistir ou refazer-se, dependerá das condições psíquicas existentes. Em geral, esse conceito está associado à superação de experiências ligadas a doença, catástrofe, guerra, acidente ou outro advento traumático. As perdas mais significativas relatadas por nossos entrevistados foram vividas com tamanha intensidade, que beiram a linha do traumático. Muitos ficaram expostos a estresses múltiplos e foram lançados à experiência sem suficiente suporte ou sustentação do ambiente. Erva-Cidreira bem expressou isso:

> *. . . e juro que eu estou tentando dar uma virada para aprender em uma nova área, porque as pessoas que estão comigo agora, é como se você reaprendesse a andar, porque é uma área nova, pessoas novas. . . . Então, como sempre, aciono meu gatilho de sobrevivência, tá, tipo meio que, sabe animação? Do desenho? Aquela Dori, continue a nadar, continue a nadar, aprenda por você mesma, porque você vai perguntar e as pessoas, você vê que elas têm conhecimento, mas "por que que eu vou dar a face?". . . E eu estou tentando só me ver no meio desse aquário sem me afogar em meio às minhas emoções.*

Vemos isso também em Mirra, que preocupada com seu chefe ser demitido, aconselhou-o a participar de um café para manter *networking*:

> *. . . quem sabe eles podem ajudar e tal, comecei marcar os cafés, almoços e aí eu tinha, e aí veio uma mala direta lá para um café com. . . com Executivos do mercado e eu achei muito bacana, falei para ele: "Chefe, olha, acho que seria legal você participar desse café, né, é uma super oportunidade pra você estar com pessoas.*

Mirra vê os relacionamentos que mantém como fonte de indicação de trabalho. Vejamos o que disse no momento em que aceitou trabalhar de modo remoto por convite de sua amiga:

> *Tem a questão de tanto eu quanto ela conhecermos muitas pessoas, né, então, éhh. . . acho que facilita um pouco porque às vezes não é uma dessas pessoas que pode não ajudar dessa forma, mas pode ajudar indicando alguém, que queira o trabalho, enfim, a gente tá em uma fase agora de. . . estamos criando o nosso plano de negócios.*

A sociabilidade é acionada como ação de resiliência, portanto, para o restabelecimento de uma situação de dano vivida. Muitos dos nossos entrevistados tiveram a quem recorrer em momentos de perda de trabalho, quando em busca por uma nova condição. Erva-cidreira conseguiu empregos por apresentação ou dica de amigas; Carvalho, em 2004 recebeu convite de uma antiga relação de trabalho para ir para outro escritório; Mirra rapidamente recebeu o convite da amiga para fundar o trabalho remoto; e Mogno, logo na sequência de seu desligamento da empresa Eucalipto foi levado a uma multinacional por um amigo com quem já tinha trabalhado e seria auxiliado pelo dono da Eucalipto se seu amigo não tivesse sido mais rápido.

A resiliência do trabalhador, nesse contexto, é facilitada pelo *quantum* de capital social que ele mantém disponível. Vimos, por meio de nossos entrevistados, que são os vínculos mantidos pelo trabalhador no campo social que o fortalecerão em momentos de crise, viabilizando saídas estratégicas no enfrentamento às adversidades. Nosso entrevistado Mogno, por exemplo, rapidamente recuperou um lugar no mundo do trabalho, facilitado por um amigo, com quem já havia mantido relacionamento profissional e que se situava em ascendência no campo laboral, em atual posição de presidente de uma multinacional na América Latina.

O sociólogo francês Pierre Bourdieu (1983, 1989) propôs a existência de um poder simbólico, ao lado de outros tipos de poder em uma sociedade. Existiriam ainda, para esse autor, diferentes tipos de capital que circulam nas relações sociais, mantendo um campo de forças em que se entabula uma luta concorrencial por conservar ou obter melhores posições no campo. Sobre a noção de campo em Bourdieu, diz Ortiz (1983, p. 21):

> *O campo se particulariza, pois, como um espaço onde se manifestam relações de poder, o que implica afirmar que ele se estrutura a partir da distribuição desigual de um quantum social que determina a posição que um agente específico ocupa em seu seio. Bourdieu denomina esse quantum de capital social.*

Nessa direção, ao lado de um poder econômico, existiriam outros tipos de poder que fazem circular também outros tipos de capitais. Nas palavras de Bourdieu (1989, p. 134-135):

> *As propriedades actuantes, tidas em consideração como princípios de construção do espaço social, são as diferentes espécies de poder ou de capital que ocorrem nos diferentes campos. O capital - que pode existir no estado objectivado, em forma de propriedades materiais, ou, no caso do capital cultural, no estado incorporado, e que pode ser juridicamente garantido – representa um poder sobre um campo (num dado momento) e, mais precisamente, sobre o produto acumulado do trabalho passado (em particular sobre o conjunto dos instrumentos de produção), logo sobre os mecanismos que contribuem para assegurar a produção de uma categoria de bens e, deste modo, sobre um conjunto de rendimentos e de*

> *ganhos. As espécies de capital, à maneira dos trunfos num jogo, são os poderes que definem as probabilidades de ganho num campo determinado (de facto, a cada campo ou subcampo corresponde uma espécie de capital particular, que ocorre, como poder e como coisa em jogo, neste campo). ... A posição de um determinado agente no espaço social pode assim ser definida pela posição que ele ocupa nos diferentes campos, quer dizer, na distribuição dos poderes que actuam em cada um deles, seja sobretudo, o capital econômico – nas suas diferentes espécies –, o capital cultural e o capital social e também o capital simbólico, geralmente chamado de prestígio, reputação, fama, etc. que é a forma percebida e reconhecida como legítima das diferentes espécies de capital.*

Tomando por base essas proposições de Bourdieu, arriscamos dizer que quando Mogno corre ao amigo presidente de multinacional para obter ajuda, ou seja, uma nova inserção no mercado de trabalho, no campo dos empregos e de disputa por melhores posições no mundo do trabalho, está lançando mão de seu capital social. São seus relacionamentos que lhe permitiram o deslocamento para novas posições no mercado de trabalho, a partir da sua saída da Eucalipto e, observe, que até mesmo internamente, poderia ter retornado a ela em outra posição na organização, a partir do vínculo estabelecido com o presidente nos 15 anos de sua estadia na organização. O que fazia saindo com clientes pós expediente da empresa e que incomodou sua gestora, era exatamente cuidar de seu capital social, em que se amparou quando se viu atingido por uma ação que viveu como predadora por parte de sua gestora. São, portanto, os vínculos sociais estabelecidos por nossos entrevistados que lhes deram maior sustentação emocional e no tecido social laboral, diante da vivência traumática do repentino desemprego. Fiquemos com as palavras de Mogno:

> *Eu já tinha conseguido em uma multinacional. . . eu tinha muito contato com fornecedor. . . X é um cara muito, muito gente boa, era amigo assim de longa data. . . ele tinha tido uma ascensão de carreira muito boa e ele tinha virado presidente da América Latina da empresa Y. Era a empresa que todo mundo queria trabalhar. . . Fui embora e encontrei um cara assim. . . ele é muito conhecido no mercado. . . Saindo de lá eu liguei para esse Z que foi o cara que me trouxe pro marketing. . . a gente se cruzava no Brasil afora. . . a gente se conhecia de antes. . . as pessoas que vinham aqui. . . eles viram meus amigos.*

Mogno divergia de sua gestora, que desaprovava o fato dele sair com clientes em espaço fora do expediente, gerando vínculo de amizade. Seu contra-argumento à gestora era:

> *. . . ela falava que como eu dava treinamento para essas pessoas, eu não podia ter envolvimento fora da empresa com essas pessoas. Era assim que ela pensava e eu achava errado. Eu falei para ela assim: "Eu não concordo". Eles. . . as pessoas que vinham aqui. . . eles viram meus amigos, porque eu dou treinamento para eles, eu ensino o que eles vão fazer na empresa, então se eu virar as costas para eles em algum momento, eu não vou ser nem quisto para eles. Se um dia eu vou visitar uma loja: "Ah o cara dá treinamento pra gente, mas depois lá fora nem fala com a gente". E era assim que ela queria que eu*

*conduzisse. E eu não quis. Não quis. Eu falei pra ela que não era assim que eu via. Isso na época eu não achava que ia chegar às vias de fato e ela acabou me tirando.*

Mas foram esses exatos relacionamentos que socorreram Mogno na ocasião de sua demissão. Constatamos, com isso, que há expectativa de reconhecimento. Zimerman (2010), ao tratar do tema do vínculo, partindo de uma visão bioniana e buscando compreender as bases dos relacionamentos humanos, incluiu no cenário o vínculo do reconhecimento, cujo principal significado conecta-se à "ânsia que todo ser humano possui de ser reconhecido pelos demais, como uma pessoa querida, aceita, desejada e admirada pelos seus pares e circunstantes" (p. 31).

Mirra evidenciou essa necessidade de ser reconhecida pelos demais trabalhadores, quando ao se referir à sobrecarga de trabalho, afirmou que foi recompensada:

> *. . . fui homenageada em uma convenção de vendas, quando eu completei 25 anos de empresa . . . fizeram uma homenagem muito bonita pra mim, em uma convenção, então, foi muito prazeroso. . .*

Mirra também espera ser reconhecida como pessoa, além de uma prestadora de serviço, sentir-se gente na empresa com vida pessoal e história:

> *. . . quando ele foi embora também foi muuuuuito triste, assim, todo mundo, um time dele que era um time pequeno, se acabou de tanto chorar, foi justamente por isso, porque ele tinha uma atenção muito especial com*

as pessoas, ele é uma pessoa voltada para as pessoas, então, pra mim foi fundamental, assim, essa primeira conversa com ele, eu me senti importante no sentido de valorizada. . . . Ele chegou e aí assim, ele num primeiro momento quis saber da minha história: "Eu queria saber da tua história. Há quanto tempo você está aqui?". Aí eu comecei. "Nossa, tudo isso? Como foi?". E aí comecei, tudo que eu te falei, comecei a contar pra ele, também, quando comecei, como foi, não sei o que falar, aí fui pra a minha vida pessoal, eu sou casada, tenho dois filhos, assim assado e tal, e aí eu falei. Ele falou: "Nossa que história bonita que você tem, puxa vida, que bacana, tem tanta coisa aí, que riqueza e tal, e aí ele me contou a dele, e contando a dele foi excelente porque ele tava no momento em que ele tinha uma filha pequena de 4 anos, e ele era divorciado, e ele duas vezes por semana ficava com a filha, então ele contou toda a história dele para mim e ele já me disse: "Olha, trabalhar comigo é super tranquilo, a minha agenda assim fica aberta para mim e para você, mas assim se você perceber que veio alguma coisa e eu mesmo já aceitei, não se incomode porque, assim, isso é só praticidade, não é que eu quero que você faça, de repente pode ser que você tá fazendo uma outra coisa e chegou e simplesmente você já aceitou e tudo bem, tá tudo certo. E uma coisa que eu quero, assim, colocar pra você que eu já. . . já avisei na minha entrevista aqui para ser contratado, que eu não abro mão, é dos dias que eu tenho que ficar com a minha filha". . .

E Mirra referindo-se a outro diretor com quem não instalou estilo próximo:

> . . . não perguntou nada da minha história, e não me falou da dela também, não me deu abertura pra perguntar, e é ruim isso porque se você não conhece a pessoa, fica difícil de você entender num primeiro momento, o que ela quer de fato, como que ela funciona, né, e ela tinha uma. . . um jeito assim de muitas vezes, quando ela chegava, eu reunia as coisas que eu precisava falar com ela e eu ia "eu preciso falar com você" e ela ia andando e me largava, eu tinha que ir andando atrás dela (ri), sabe, para conseguir conversar, então, assim, tinha uma distância muito grande, muito grande. . . . Tem esse jeito meio assim, né, maluquinha e tal, mas enquanto eu trabalhei com ela, não sei, ela não tinha, não tinha essa coisa de. . . de proximidade, sabe, então, e ela é uma pessoa dura também, não era dura só... foi dura comigo em alguns momentos, mas ela era dura também com o time. Então, é o jeito dela, eu sei que é, mas, eu senti falta de ter essa conversa inicial, para poder até atender melhor, né, dizer não. . . e saber quando uma pessoa procura, o que quer e o que não quer, saber o que eu tenho que dizer não, não pode, vai até aqui ou não vai, ou até como me comportar, então, isso senti um pouco de falta sim. . .

Mogno expressou a satisfação em receber reconhecimento em seu trabalho, quando mencionou que visita locais distantes em busca de obter novos clientes, vislumbrando ampliações do alcance das vendas:

*Faço o que eu gosto, porque eu voltei porque eu queria isso pra mim, éh. . . eu gosto assim de viajar, gosto de conhecer novos lugares. Ontem eu tava em Franca, visitando um. . . a. . . as marcenarias, então, você entra a marcenaria do cara, o cara te. . . te. . . ele te endeusa. Porque "A Eucalipto vindo me visitar aqui em Franca, uma marcenaria tão longe, né!". Aí às vezes vou à Aracaju e tal tão distante. "Pô, cara, você veio de São Paulo!". Então isso me faz bem.*

Também foi homenageado com 10 anos na empresa:

*. . . eu tenho a plaquinha de 10 anos, fizeram uma festa, não pra mim só, mas para colaboradores.*

Já Carvalho falou sobre a necessidade de receber *feedback* de avaliação sobre suas entregas de trabalho. Mencionou que pedia sempre para o RH que lhe desse um *feedback* e queixava-se por nunca tê-lo recebido. Disse:

*. . . eu estou acertando, eu estou errando, quais são os meus pontos de melhoria que eu devo trabalhar. Às vezes eu estou trabalhando numa coisa que eu já supere as expectativas da companhia. . .*

Carvalho estava em busca de reconhecimento por seus largos esforços, mesmo que se para isso precisasse também ouvir algum aspecto negativo sobre sua atuação, o que também lhe seria mais útil para corrigir o problema e ir em busca de maior reconhecimento ainda.

## 210 SOFRIMENTO PSÍQUICO NO TRABALHO...

Cada um em seu modo revelou grande satisfação por poder receber como prêmio, o reconhecimento por parte do colega, do gestor, da empresa.

## Saúde mental do trabalhador e qualidade de vida

A comunicação geral no ambiente de trabalho pode ser precária, quem dirá, então, na demissão, como vimos com Mirra, que ficou tentando adivinhar porque foi demitida ou Mogno que foi demitido sem nem que soubessem que ele tinha uma pneumonia.

Por vezes, a comunicação se insinua como tendo que ocorrer fora da empresa, como foi o caso de Mirra cujo diretor, ao demiti-la e diante da desesperada necessidade de Mirra de saber o porquê isto estava ocorrendo com ela, disse-lhe: "Um dia fora daqui a gente vai almoçar, tomar um café juntos e a gente fala sobre isso, hoje não". Após pouco tempo, esse diretor foi também demitido e lhe enviou uma mensagem na ocasião de sua demissão: "Oi, como andas? Quando você quiser podemos tomar um café. Segue o meu número de telefone". Mirra aceitou o convite, perguntou-lhe quando teria disponibilidade para agendar o café, mas seu ex-diretor não lhe respondeu mais.

A precariedade na comunicação com gestores no trabalho ou até mesmo a sua ausência foi sentida por Mirra como experiência de violência. Nos relatos de nossos entrevistados, a violência em suas diversas roupagens foi muito referida, em geral associada a abusos ou abandonos velados.

Erva-Cidreira mencionou ter trabalhado em um buffet de festas infantis, em que acabou adoecendo por decorrência de seu trabalho. Não recebia seu salário adequadamente; estava com funções que não eram do seu cargo; e preocupava-se com clientes e colegas. Em suas palavras:

> ... éh, eu acabei ficando... eu perdi cabelo, éh... eu não consigo... eu fiquei tão ruim nesse lugar que eu tenho um período de... sabe, de memória, porque eu trabalhei de domingo a domingo muito tempo e eu não sei, eu só trabalhei, foi um período da minha vida que eu não conseguia ir para a faculdade, eu não conseguia me relacionar com as pessoas, era só trabalho de sete da manhã à onze da noite, de domingo a domingo, e quando eu me vi sem cabelo, eu fui pro dermatologista, e ele falou, olha, a gente pode tratar, mas eu vou te encaminhar para um psiquiatra, eu falei (ri), comecei a rir porque... ninguém quer ir para um psiquiatra, não sei, eu sou do interior, você acha que psiquiatra é para louco, oh, mas aí você para e pensa, quem não é louco ultimamente, então, acho que tá tudo certo, mas eu lembro que ele, que ele me passou a guia e falou que meu problema não era ... não era só atópico, a minha queda de cabelo era em decorrência de estresse porque... em dez minutos de conversa, ele percebeu que eu sentava na ponta da cadeira, eu batia o pé, eu mesma, tipo, mexia no cabelo e eu não percebia, e aí ele falou, realmente não sei como é que é sua profissão, mas não é um caso que vá resolver só com produtos atópicos e aí, quando ele falou isso, e ele falou... acho que era uma junta, ele passou um contato, acho que tinha um centro, era de dermatologia, mas tinha psiquiatria, que os médicos eram... acho que estudantes, te avaliavam assim, aí eu fui, né, falei, bom,

> *vou, e eu acho que a pressão de lidar com o cliente, com você vender sonho, você vende festa infantil, os pais vão lá comprar festa, porque é um momento especial dos filhos, e você ter que vender aquilo pra receber o seu salário, e às vezes você está com o salário quarenta e cinco dias atrasado, do tipo. . ., por que que não saí disso antes? Aí é mais lógico você sair. Até que neste ponto, eu resolvi que eu não queria mais, eu pedi a conta, eu pedi a conta por três vezes, ele foi me enrolando neste trabalho. . . . Eu saí em junho de 2017 porque foi o momento que eu falei "Chega!", eu vou me candidatar a vagas para ser estagiária, porque eu tô perdendo minha saúde, então, em junho eu saí de 2017 e em julho eu comecei como estagiária numa outra empresa. . . . Eu tive que reduzir a minha vida para menos da metade do meu salário para ser estagiária, para ter horário de trabalho, tipo das nove às quatro, tipo para ter vida, mas foi por conta dessa, desse atendimento do cabelo que virou psiquiatra, que aí eu falei chega! (rindo).*

Com perda grave de cabelo e adoecida, Erva-cidreira deu um basta e partiu, até mesmo, sem receber a totalidade dos salários atrasados. Preferiu deixar o local a sucumbir. Afinal, havia entrado nesse trabalho como assistente financeiro e se viu com muitos outros cargos sobrepostos no papel do dono (tinha que negociar com os fornecedores), da gerente de vendas e, quem sabe, com funções de tantas outras pessoas. A falta de remuneração adequada decorrente do atraso de salários gerava-lhe ainda mais estresse, pois Erva-cidreira tinha despesas com moradia, sua alimentação, suas despesas, em geral. Teve que sair de onde morava e alugar um quartinho, mas ficou feliz na vaga de estagiária que tinha obtido, pois conquistou uma rotina muito calma, que praticamente significou para ela uma moratória para descanso e recuperação de sua saúde. Erva-cidreira preferiu ter uma redução de salário a perpetuar sintomas decorrentes de estresse no trabalho. Como afirmou: "Ser estagiária foi escape". Percebia-se segurando uma bandeja que se derrubasse, tudo ruiria ao chão, estando ela no lugar do alicerce:

> *...eu sem receber e eu não podia não deixar uma festa não acontecer, lidar com uma equipe de 60 pessoas, sem receber também, trabalhando alegre, então assim, eu tive que equilibrar muitos pratinhos... se... se você for reparar, acho que era uma função dele fazer isso, não minha, o negócio não era meu, por que que eu me comporto assim?*

Mirra também foi vítima de intenso estresse decorrente de sua inserção no trabalho, que lhe resultou em questionamentos quanto a que lugar ocupava no cenário ocupacional e a quem era ao se despedir da empresa no desligamento sofrido. Subtraída em seus pertences – celular, computador, crachá –, Mirra sentiu-se vigiada na demissão, o que dificultou a expressão emocional e partilha com suas colegas de trabalho:

> *... eu falei bom eu não vou me despedir de ninguém, porque primeiro, eu não ia conseguir (ri de nervoso); segundo, todo mundo saiu pra almoçar; terceiro eu vou ficar andando e uma pessoa junto comigo o tempo todo, ali, ai eu não me sinto à vontade, eu falei, não, vou embora, e aí foi, então assim, eu saí de lá, nem sei te dizer assim o que eu pensava, porque aí começa um filme, né, passar pela tua cabeça...*

Mais que a perda de um emprego, pareceu roubada em sua identidade, desorientada sem saber o que esperar em um próximo dia. Acolhida por sua família, após sentir-se saqueada em seus pertences e seus contatos, foi levada a comprar novo celular ainda naquele mesmo dia. Essa *overdose* de eventos em um só dia gerou uma experiência disruptiva. Mirra buscava compreensão ao que havia acontecido. Quando inquirida sobre se sentia essa experiência como abrupta, de se ver destituída de seus pertences, confirmou: "Senti sim. É isso mesmo que você falou, uma violência. . . porque é do nada, uma coisa que acontece do nada" (chorosa).

Cabe mencionar que Coelho também foi vítima de alopecia, tendo mostrado falhas em sua barba, decorrentes de estresse por que passava no ambiente organizacional. Os sintomas físicos e psíquicos deflagrados advinham de pressões sentidas no ambiente de trabalho, já que se sentia extremamente exigido. Expressou-se do seguinte modo: "Mas eu não acho que é fácil, eu acho que essas transições, essas perdas, ficam com a gente, é que a gente não percebe".

Outro elemento estressor é a presença de competição em lugar da cooperação. Erva-cidreira assim expressou:

> *Quando a pessoa não sabe de verdade, não pode me ajudar, ou quando ela sabe, mas ela prefere não me ajudar. Então eu. . . atualmente é isso, eu sinto perdas porque perda já na confiança, na cumplicidade, nos meus parceiras) . . . nos meus pares de trabalho, que no outro ambiente era um e nessa nova área é totalmente competitivo, tipo, eu não preciso mostrar meu valor pisando em alguém ou então deixando a outra pessoa se ferrar, né, eu acho que é um time, a gente pode andar juntos.*

Em termos da relação trabalho x prazer, é a cooperação que unia os trabalhadores em sua equipe. Mirra evidenciou bem esse aspecto ao dizer:

> ... a gente gostava muito de trabalhar porque na época tinha um ambiente muito saudável, então era... era uma grande família, as pessoas se ajudavam, então assim, eu acordava todos os dias com muito prazer, assim, sabe, eu ia trabalhar cheia de alegria e de vontade, pra mim realmente era muito prazeroso.

A cooperação reduz também o nível de estresse sentido a partir de processos no coletivo do trabalho. Como vimos, sintomas decorrentes de estresse no trabalho foram mencionados. Erva-Cidreira, por exemplo, teve dois fortes momentos em sua trajetória profissional em que sofreu muito estresse: a primeira no buffet infantil, quando começou a perder cabelos substituindo uma gerente afastada por *Burnout*. Caminhando além, vemos que Erva-cidreira tem substituído sua gerente também no *Burnout*.

> Com a idade o trabalho ficou melhor, eu pude agregar, conheci pessoas, mas assim... eu tive perda financeira, né, então... mas assim, eu consegui me relacionar no trabalho com as pessoas, eu consegui perguntar da vida delas, eu conseguia olhar para as pessoas, não é, porque nos outros trabalhos eu tava sempre fazendo o que precisava, não era muito saudável assim, às vezes eu acho que até no buffet, quando alguém... chegava alguém perto de mim, eu falava "já vem mais problema!", que

*era um problema atrás do outro assim, chegou uma hora
que eu não conseguia mais conversar com as pessoas. Eu
fiquei tão assim. . . não sei se traumatizada é a palavra,
mas eu fiquei. . . até para respirar era difícil. Por várias
noites eu, quando dormia, acordava às 3h da manhã
com alguma coisa que eu tinha que anotar, do buffet e
aí, daquele ambiente para um ambiente que eu não tinha
nenhuma responsabilidade, que eu podia errar, que eu
podia, sei lá, dar conta do trabalho. Se eu quisesse enrolar
eu podia enrolar que ninguém ia perceber.*

O segundo grande episódio de estresse ocorreu no período em
que Erva-cidreira perdeu seu cargo de assistente das secretárias na
Boldo. Foi alocada em uma vaga para a qual não tinha preparo e
novamente ficou excessivamente ocupada, permanecendo no local
de trabalho até 21h. O desejo de obter tranquilidade e manter a
saúde nesse momento ganharam relevo:

*Então, em novembro eu mudei de área, mas simplesmente
assim, no dia 10 de outubro informaram que a gente
mudaria, no meu caso, que eu estaria ou sendo desligada
se eu não aceitasse o meu cargo, ou na nova área, então
assim, como os processos aqui dentro são muito corridos
e eu sempre tento não pensar na situação, porque eu sou
dessas que eu sinto fisicamente, parece que eu tenho dor
física, de tanto que eu penso no negócio, então eu tenho
um processo que eu bloqueio, porque eu preciso. . . a
vida precisa seguir, e eu de alguma forma tenho que
me manter emprega. . . empregável., né, no caso, (assoa
o nariz) então eu. . . eu guardo muitas coisas e eu tento*

*não pensar, mas é uma coisa que sempre volta, né, na mente, vire e mexe, sei lá, eu tô... do nada vem na minha mente, tipo 'e aí, né!'. O que que você vai fazer com seu momento atual? Eu fiquei bem triste de não ter mais o meu cargo...*

E as fusões geram perdas, tensão e estresse, como Mirra assinalou:

*... teve todo um time que tava lá que acabou indo embora e vieram muitas pessoas da França e as pessoas que vieram da França para área financeira, por exemplo, eram pessoas muito duras... foi um momento muito crítico, onde assim, mais da metade das pessoas que estavam lá foram demitidas, então foi quando começou todo o processo de muita gente sair, quem não foi demitido acabou pedindo para ir embora, porque não aguentava a pressão, que começou a ficar muito forte e tinha até um pouco de desrespeito... e aí com a chegada também depois desse novo General Manager, ele começou também mudar todo mundo, e bom, aí saiu esse meu diretor, isso foi numa sexta-feira, quando foi na segunda-feira que nós chegamos, tinha um comunicado que essa área aonde eu estava, estava se unindo com uma outra área, que já tinha um diretor, que já tinha uma assistente, também já tinha todo um time de gerentes de produto, analistas, enfim, e aí assim todo mundo ficou em pânico, né, bom, e agora? Não cabem duas pessoas no mesmo lugar! Que que vamos fazer? E aí criou aquele momento tenso de novo*

218  SOFRIMENTO PSÍQUICO NO TRABALHO...

> *e bem eu fiquei éhh dois meses sem ter um diretor. . . e*
> *isso gera um* stress *emocional, assim, muito grande. . .*

A percepção de que a cooperação é antídoto aos mal estares foi bem demonstrada por Akita, quando falou sobre sua postura em relação aos seus pares ao ser admitida na Floresta. Akita ficou com uma área da gerência que era destinada a outra gestora até então. Foi sensível em perceber que a gestora que a antecedia teve uma perda significativa e que não estaria fácil para ela ceder-lhe algumas áreas. Sobre isso afirmou: "Isso já está bem resolvido para mim e ela, assim, a gente já teve uma conversa, que o que eu quero é contribuir, não ocupar espaço, eu acho que todo mundo tem a sua luz, né! Nesse mundo a gente não precisa pegar espaço de ninguém". Akita acredita estar passando o principal desafio de sua carreira. Saiu de uma "zona de conforto", como chama, veio do Rio de Janeiro trabalhar em São Paulo, na empresa Floresta, em que se encontra há um mês e meio. Em tão pouco tempo, seu estilo empático parece ter-lhe atraído bons relacionamentos e garantido a formação de sua equipe de trabalho.

Falar em saúde mental do trabalhador neste estudo implicou necessariamente em voltar a mencionar dois fortes sentimentos por parte dos nossos entrevistados:

### A – O sentimento de ser objeto de descarte:

Nessa direção, Erva-Cidreira afirmou:

> *Com o corte e o remanejamento de cadeiras, perdemos*
> *quatro posições, inclusive, foi nessa saída que a X. e mais*
> *três, secretárias muito competentes, e eu, fomos extintas.*

## B – O sentimento de estar sendo muito exigido e a falta de treinamento:

Por exemplo, ao ser colocado em cargo e função para o qual não recebeu capacitação/treinamento:

Erva-Cidreira:

> *Porque para eu aprender essa área eu tive que dividir meu tempo, mas alguém não lembrou que eu também não conhecia a área, atual que eu tô, que é a área comercial, que é totalmente diferente da presidência... mas eu fui para uma área que tem um volume muito maior, insano, só que eu não tenho quem treine, então ao mesmo tempo que eu tenho que aprender o trabalho sozinha, eu tenho que entregar, e não só isso, eu tenho que dividir meu tempo porque eu tenho que aprender a área que eu efetivamente vou.*

Mirra:

> *Ele não tinha muita experi..., ele não tinha nenhuma, na verdade, experiência como diretor, ele tinha sido promovido, mas assim, éhh, no meu entendimento a empresa também não o auxiliou, pra assumir essa nova função, porque não teve um RH, muito efetivo, que tivesse ali pra caminhar junto com ele, né, e era uma área muito difícil, era uma área de suporte, uma área grande que tinha uma média de 100 funcionários, exatamente isso 101 e... de dentro desta área tinha eventos, tinha*

220 SOFRIMENTO PSÍQUICO NO TRABALHO...

> *treinamento, tinha a parte de, éhhh, efetividade de força de vendas, então é uma área que prestava serviço para todas as outras unidades de negócios, só que assim éhh, é um bombardeio porque a parte de efetividade de força de vendas, por exemplo, é a parte que lida com premiação, né, e aí sempre dá problema e é assim todo mundo...*

Carvalho:

> *... eu percebi que as avaliações não vinham, era só cobrança, cobrança...*

Carvalho associou desprazer à cobrança elevada e falta de *feedback*, ou seja, de reconhecimento também, percebendo a empresa focada na falta.

## Contribuições práticas potenciais, decorrentes dos achados deste estudo

Tendo por premissa que o luto é um processo esperado diante de uma transição, que implica em perda de natureza variada, necessitando ser identificada a partir do sujeito da experiência que vive o seu pesar, torna-se evidente que o luto precisa encontrar o seu lugar dentro dos processos de trabalho. Negar, postergar, rechaçar tal experiência ou, até mesmo, viver o luto isoladamente em um cantinho particular, pode ser terreno de promoção de um processo de enlutamento que se complique, prejudicando o trilhar do caminho da vida afetiva pessoal e da profissional futuras.

Foi possível observar por meio de nossos entrevistados, que muitas das experiências de ruptura com a atividade laboral exercida, até mesmo quando providenciadas voluntariamente, transformaram-se em vivências marcantes, impactantes, que reverberam até os dias atuais. Grande parte dos entrevistados encontrou na experiência de entrevista com esta pesquisadora, uma oportunidade para chorar o choro silenciado. Alguns se viram surpresos com a intensidade da emoção emergida do que parecia ser o "nada", mas na verdade, dizia "tudo": o ser humano necessita de tempo emocional para elaborar suas experiências, o que também influenciará o modo como se direcionará e se conduzirá em seu futuro. Um indivíduo que se sinta traumatizado com um desligamento pode se flagrar em meio à alta ansiedade por ocasião de nova inserção no mundo do trabalho.

Do que se percebeu da estrutura organizacional das empresas em que nossos entrevistados estão ou estiveram contratados, é que quase na unanimidade, elas não se sentem responsáveis por processos psíquicos desencadeados nos trabalhadores pós-desligamentos. Nas vezes em que tais empresas se ocuparam do que pudesse ocorrer com o trabalhador pós-desligamento, o que ofertaram foram serviços de recolocação financiados pela empresa de origem, prestados por consultorias especializadas. Tal benefício ofereceu um continente de sustentação ao trabalhador por um período, porém não imuniza contra futuras adversidades que advenham de hostilidades presentes no mercado de trabalho, que opera em lógica selvagem. A ex-secretária da empresa Boldo que me indicou nossa entrevistada Mirra, para entrevista, tendo sido demitida com o mesmo grupo de secretárias e ao mesmo tempo, deu o seguinte depoimento: ela recebeu como benefício na saída da empresa, um programa de recolocação em uma Consultoria de renome, no qual se mostrou ativa e participativa em todas as atividades propostas. Uma amiga que conhecia sua trajetória profissional a indicou para uma vaga em uma empresa de grande porte. Ela iniciou a nova atividade e após um mês foi demitida por sua nova gestora, sentindo-se absolutamente descartável. Ela que havia permanecido no emprego anterior por 12 anos, ouviu dessa nova gestora que ela era competente, mas que ela apenas não havia se adaptado ao estilo da gestora. Esse descompromisso com quem chega ou sai é constantemente visto nas relações de trabalho. Pode-se ter permanecido décadas na organização, mas ao sair, a despedida ocorre como um instantâneo relâmpago. A trabalhadora mencionada estava feliz no processo de consultoria, o que perdeu quando encontrou uma recolocação e após um único mês já não tinha mais trabalho novamente e também nem a consultoria a que havia se apegado e que naquele momento lhe dava sustentação. Bons trabalhadores são descartados neste mundo contemporâneo do tempo globalizado, acelerado e do imediatismo, em que não se tem mais tempo de elaborar nem porque se entra ou porque se sai de uma condição de experiência laboral e na qual, até mesmo o empregador, não se ocupa das condições de seus funcionários com vistas a desenvolvê-los, integrá-los, capacitá-los, aculturá-los, exercendo uma responsabilidade social e promovendo saúde mental. Na maioria das vezes, o funcionário deve chegar pronto e encaixar-se a um perfil que nem sequer lhe foi visivelmente apresentado.

Os desligamentos de funcionários são realizados, em geral, de modo absolutamente abrupto, como vimos por meio dos depoimentos de nossos entrevistados. A entrevista de desligamento, que deveria ser realizada com responsabilidade e cuidado, em todos os casos, parece estar sendo praticada em casos em que a empresa é surpreendida por um pedido de demissão espontâneo e para compreender a ocorrência, mas está longe de ser praticada usualmente e com vistas a acolher e auxiliar o empregado em processo de desligamento. Por meio de uma entrevista de desligamento melhor conduzida, pensamos que parte do impacto das transformações e processos afetivo-emocionais decorrentes da notícia da perda do cargo possa ser melhor aconchegado, mantendo-se a parceria para cuidar dessa transição.

A oferta de eficazes consultorias de recolocação como benefício de saída é um elemento confortante, contudo terceiriza cuidados que, por vezes, somente a chefia do funcionário ou o setor de Recursos Humanos da empresa poderiam exercer, já que as compreensões cognitiva e emocional dos elementos que promoveram a decisão do desligamento podem depender de informações que somente a empresa de origem poderia fornecer. Vimos o sofrimento de Mirra ao ser abruptamente desligada da indústria farmacêutica em que trabalhou por 39 anos e apenas em poucas horas de uma manhã teve que praticamente de imediato devolver o telefone celular, deixar o computador, andar acompanhada por uma estagiária do RH para recolher pertences pessoais e romper a comunicação com os demais seres humanos que habitavam a organização, de modo instantâneo, já que também não queria chorar na frente dos demais; outras colegas de área demitidas também já haviam deixado o espaço; e seu próprio chefe disse-lhe que não havia explicação a mais do que ser efeito de "reestruturação", mas deixou em aberto um café para conversarem em um futuro que mesmo depois que ele também foi desligado, nunca aconteceu. Laços dilacerados, levados pelo vento e fumaça, promovidos por uma bomba caída deixando os destroços.

Chiavenato (2009, p. 145) entende que "as informações colhidas por meio das entrevistas de desligamento e de outras fontes permitem uma análise situacional da organização e uma avaliação dos efeitos da política de RH desenvolvida pela organização". A partir delas, poder-se-ia, então, determinar "as alterações necessárias, com vista a estratégias que permitam sanar seus efeitos sobre a rotatividade de pessoal". Embora Chiavenato (2009) proponha que a entrevista de desligamento seja aplicada indiferentemente a todos os empregados demissionários (tanto àqueles que solicitam demissão, como àqueles que são desligados por motivos próprios à organização), aponta que algumas organizações aplicam a entrevista de desligamento apenas a empregados que solicitam sua demissão por iniciativa própria. Mirra, nossa entrevistada, clamou por explicação, mas em troca, no lugar de uma boa entrevista que acolhesse sua demanda e exercesse cuidados dirigidos tanto a ela como às necessidades organizacionais, recebeu apenas papéis para assinar e uma acompanhante para a continuidade de sua circulação na empresa, com vistas à retirada e devolução de pertences em sua posse.

Chiavenato (2009) aponta que a entrevista demissional pode verificar os seguintes aspectos: motivo do desligamento (por iniciativa da empresa ou do funcionário); opinião do funcionário sobre a empresa; sobre o cargo que ocupa na organização; sobre seu chefe direto; sobre seu horário de trabalho; sobre as condições físicas ambientais dentro das quais desenvolve seu trabalho; sobre os benefícios sociais concedidos pela organização; sobre seu salário; sobre o relacionamento humano existente em sua seção; sobre as oportunidades de progresso que sentiu dentro da organização; sobre o moral e a atitude de seus colegas de trabalho; e sobre as oportunidades que encontra no mercado de trabalho. Com o preenchimento de um formulário com o conteúdo colhido pode-se identificar quais são os problemas existentes.

Podemos, a partir da reflexão sobre os benefícios da aplicação da entrevista demissional, concluir que as organizações pelas quais nossos entrevistados passaram, prestando seus serviços, não geram escuta ou fala suficientes no momento de ruptura do laço empregatício. A precariedade na comunicação foi vastamente observada e uma carência de inteligibilidade por falta de acolhimento em uma entrevista demissional. Basta nos lembrarmos da situação em que Mogno deixou a empresa em sua primeira passagem por ela, tendo sido demitido até mesmo com um quadro preocupante de pneumonia e com condições psicológicas desfavoráveis, sem sequer sua demissão ter sido avaliada em um exame demissional por um médico do trabalho, exigência prevista na lei brasileira (CLT – Consolidação das Leis do Trabalho/Vade Mecum OAB, 2021). Decisão organizacional tomada é mantida, em geral, a qualquer custo pessoal do trabalhador e não importando os anos de casa, como observamos nos casos de Mirra e Mogno.

Inquirido pela pesquisadora sobre como pensava que a empresa Eucalipto poderia melhor cuidar de um funcionário que estivesse passando por uma situação semelhante a que ele viveu, estando debilitado, passando por um momento especial de vida, Mogno respondeu:

> . . . ela como RH, ela tinha uma formação talvez, né, muito melhor do que a minha, falar assim: "Cara a gente precisa te recuperar, éhh. . . mesmo que não ficasse comigo, mas assim, a gente precisa te amparar aqui nesse momento, vou te indicar um. . . qualquer tratamento e depois lá na frente a gente vê o que faz. Mas naquele momento, talvez, um amparo psicológico. . . pelo menos para entender o que se passava, a que ponto que tava a minha pneumonia, num perguntou, não quis saber de nada. . .

Mogno desejava ser cuidado, ser visto como um ser humano em um momento específico de sua trajetória pessoal e profissional e esperava que após quase 15 anos de convívio e dedicação na empresa pudesse ser cuidado em um momento de fragilidade física e psíquica e não ser descartado. Fica enfatizado a todo tempo que pessoas não são objetos como peças substituíveis a qualquer momento.

Sobre a cultura organizacional e as estratégias de gestão de pessoas, Mogno assinalou que com a troca da diretora do setor do RH, a gestão de pessoas ficou boa, a seu ver. Disse que são fornecidas oportunidades ao trabalhador, vistas como chances de desenvolvimento, por meio da oferta de cursos, por exemplo, ou outras possibilidades de crescimento. Mencionou que é perguntado ao funcionário o que quer fazer na vida, o que gera um contexto de amparo a cada indivíduo, por se sentir consultado e tendo parte nas decisões sobre si mesmo. Mogno encontrava-se fazendo um curso de sua escolha, financiado pela Eucalipto, por ocasião da entrevista. Contou, ainda, que foi inquirido sobre se gostaria de trabalhar em gerenciamento de projeto, que ele chegou a fazer um curso sobre isso, mas que entendeu que não se adaptaria e sua posição foi acolhida. Perguntou à sua gestora o que ocorreria se não desse certo e ela lhe respondeu que não haveria problema, que ele apenas voltaria ao cargo anterior. Foi o que aconteceu, pois Mogno concluiu que prefere mesmo trabalhar na rua, tratando diretamente com clientes e captando novos contatos, a gerenciar projeto interno, em que acredita que o funcionário precisaria ser mais controlador, como uma característica pessoal. Percebeu que na nova gestão de RH há mais tolerância e empatia dirigida ao funcionário, na medida em que suas próprias condições são mais ponderadas e respeitadas. Com a troca da diretoria do RH, o que Mogno passou a perceber, provavelmente, é que ali o trabalhador deixou de ser objeto de descarte. Podemos até arriscar pensar que sua ligação telefônica ao presidente da empresa na demissão após quase 15 anos de permanência e o questionamento sobre o modo como ela ocorreu possam ter contribuído para uma transformação no RH, já que em seu retorno, e já passados mais sete anos, se encontra outra postura no setor de RH, mais empática e humanizada. Vimos que no novo momento, o trabalhador pode até não querer algum dos caminhos a ele apresentados.

Carvalho, gestor na mesma empresa – Eucalipto – falou em direção semelhante. Acredita que a empresa "dá um empoderamento muito bom para as pessoas" e que tem uma cultura de "pôr a mão na massa". Como estratégia de gestão de pessoas, apontou que há um programa de "formação de investimento e formação de lideranças" muito grande. Entende que o desejo da administração é que as lideranças sejam "menos operacionais e mais estratégicas". Pensa que os profissionais têm que estar na empresa pela competência e não por ter proximidade com o diretor, por influência. Acha que pode haver, eventualmente, algum protecionismo.

Erva-cidreira vê a estrutura organizacional da Boldo com mais restrições. Acredita que quem sabe efetivamente "levar o negócio" são os analistas e os estagiários, pois pensa que os gerentes, apesar de serem muito bons em estratégia de negócios, que eles não são tão bons no lidar com as pessoas nos processos. Acha que tem que ser revisto o modo como lidam com pessoas, pois apesar de haver uma proposta de integração, considera que o estilo é "faça você mesmo". Mencionou que a maior reclamação do público interno é a falta de um olhar mais atento às pessoas, aos cuidados com as pessoas. Disse que tem que descobrir sozinha e resolver problemas sem auxílio de outros no entorno. Afirmou não saber "se a gestão de pessoas, se realmente presta atenção em pessoas".

Mirra permaneceu 39 anos na indústria farmacêutica Boldo e, por isso, viveu muitas fusões que geraram instabilidade no cotidiano do trabalho. Como exemplo, citou a fusão entre empresa americana e alemã à francesa em que era funcionária, a que já citamos. Relatou experiências com diferentes chefes: com um sentiu-se valorizada, a comunicação ocorria com facilidade e tranquilidade e os processos de trabalho eram claros; com outra, ficou duas semanas sem conversar por ocasião de sua chegada e, depois, tinha que correr atrás dela, enquanto andava, para poder falar sobre as atividades de trabalho; e chegou até mesmo, em outra situação, a permanecer na empresa sem chefe, aguardando a chegada de uma nova gestora. O chefe com quem melhor se relacionou foi descrito por ela como um gestor que despendia atenção muito especial com as pessoas, sendo que

228 SOFRIMENTO PSÍQUICO NO TRABALHO...

mencionou que por ocasião de sua saída, algumas das funcionárias chegaram até a chorar. A cultura organizacional e a gestão de pessoas mostravam-se instáveis.

Coelho descreveu o clima organizacional na empresa Floresta como muito demandante, ao ponto de que ele fica sem hora de almoço, deixou de praticar esporte e exercícios físicos e chega a ter que realizar tarefas às 21h30, quando já retornou em sua casa. Mencionou ter sofrido bastante com a nova gestora no primeiro mês de trabalho e que seu corpo estava mostrando sinais de estresse, por exemplo, por meio das falhas na barba, geradas a partir de queda dos fios – alopecia. Iniciou psicoterapia por indicação de funcionária do RH.

Akita afirmou que para trabalhar na empresa Floresta é necessário saber lidar com pessoas e com os animais, e que ela se sente totalmente integrada aos valores da empresa, que precisa gostar desse mundo, pois ela trabalha com os cachorros andando por suas pernas. Avalia que o cliente da empresa é tratado com muito amor e que isso é um diferencial do atendimento. A empresa conta com sessenta lojas e tem por objetivo chegar até duzentas lojas no final do ano, com a entrada de investidores. A empresa que possuía um único dono abriu-se ao mercado, o que gerou a necessidade de contratação de novos funcionários, que passaram a conviver com os antigos, gerando muito movimento novo. Nas palavras de Akita: "É. . . trocando a roda do avião em vôo". Akita considera a cultura organizacional acolhedora e descomplicada, que está passando por momento de transição. Entende que possuem uma visão de ecossistema, na qual, além de oferecerem os produtos na loja, desejam oferecer serviços: hospital veterinário, hotel, apoio para o tutor. Com as novas cabeças, estão "sempre se encontrando ainda".

Leoa considera que a empresa Falcão possui tudo bem organizado. Comentou que a empresa em que trabalhou antes era grande, mas que não permitia tanto o contato com todas as áreas como na Falcão. Acredita que por ser uma empresa menor, que ela consegue ter o contato com todas as áreas. Considera a gestão boa e que prima pela organização. Guepardo salientou a presença de bons valores – respeito, parceria, cuidado – na mesma empresa.

**Quadro 7.** Cultura Organizacional e estratégia de gestão de pessoas na ótica dos indivíduos entrevistados

| | |
|---|---|
| **Erva--cidreira** | Estilo é "faça você mesmo". Falta de um olhar mais atento aos cuidados com as pessoas. |
| **Mirra** | Diversas fusões: sendo que a maior incluiu empresa americana, alemã e francesa. Mudanças repentinas dificultavam relacionamento intercultural. Instabilidade. Chegou a ter chefia próxima e sentir-se valorizada; a se sentir discriminada com chefia que não conversava; e até mesmo a permanecer período sem chefia. |
| **Mogno** | Gestão de pessoas é considerada boa. Oportunidades ao trabalhador. Chances de desenvolvimento. Oferta de cursos ou outras possibilidades de crescimento. |
| **Carvalho** | Cultura de "pôr a mão na massa". Empoderamento bom para as pessoas. Programa de "formação de investimento e formação de lideranças". Lideranças "menos operacionais e mais estratégicas". |
| **Coelho** | Cultura organizacional exigente que invade espaço pessoal. Gestora, para não se prejudicar, solicita trabalho noturno. Com sobrecarga de trabalho o funcionário não vinha almoçando e não mais realizava exercícios físicos. |
| **Akita** | Cultura acolhedora e descomplicada passando por momento de transição, devido a parcerias e novas contratações, com vistas à ampliação de serviços e número de lojas. |

## Entrevistas Piloto anteriores:

| | |
|---|---|
| **Guepardo** | Valores da empresa que são fundamentais para ele: respeito, parceria, cuidado. Proprietários à frente da empresa, mas respeitam muito as decisões das lideranças. |
| **Leoa** | Gestão é boa.<br>Facilita contato com outras áreas. |

**Quadro 8.** Cultura Organizacional e estratégia de gestão de pessoas – sugestões inferidas a partir do relato dos indivíduos entrevistados

| | |
|---|---|
| **Erva--cidreira** | Falta acompanhamento individualizado do funcionário. |
| **Mirra** | Realizar maior planejamento nas etapas de mudança. |
| **Mogno** | Manter ou alargar as condições propícias já existentes ao desenvolvimento do funcionário. |
| **Carvalho** | Manter o incentivo ao desenvolvimento de lideranças estratégicas. |
| **Coelho** | Diminuir a demanda que traz custo alto ao funcionário na vida pessoal. |
| **Akita** | Manter o acolhimento simples. |

## Entrevistas Piloto anteriores:

| | |
|---|---|
| **Guepardo** | Manter respeito, parceria e cuidado como valores a preservar. |
| **Leoa** | Manter o intercâmbio entre áreas. |

Vimos que critérios justos utilizados com os trabalhadores são valorizados e que todos os nossos entrevistados desejam ser desenvolvidos e respeitados como seres humanizados capazes de diálogo e de revelar competências. Falam também em favor de se poder contar mais com os demais membros das equipes e que haja compreensão e elaboração nas transições em períodos de mudança, mesmo que se trate de um fim de contrato por via da demissão. Cabe ainda sinalizar que Mirra e Erva-cidreira, ao lado de Mogno e Carvalho, possuem visões similares sobre a cultura organizacional e a política de gestão de pessoas. Coelho e Akita, porém, revelaram opiniões opostas, o que nos conduz a pensar que nessa empresa possa haver diferenças de percepções e condições de trabalho entre funcionários e gestores.

Cabe, ainda, apontar a relevância dos achados deste estudo para o campo da orientação profissional e de carreira. Vimos que foi Bohoslavsky (1977), psicanalista pioneiro da estratégia clínica em orientação vocacional, que alertou para o fato de que a escolha profissional implica em processo de luto, como o que ocorre quando um jovem vestibulando precisa renunciar a sua opção secundária, possivelmente para sempre, para dar lugar à sua escolha prioritária. Trata-se de deixar para trás uma vida profissional com que um dia também sonhou, mas que não a terá, para privilegiar outro rumo. Facilmente constatamos que nossa trajetória de vida pelo mundo do trabalho e pela capacitação em uma determinada área do conhecimento é repleta de escolhas e de contingências com as quais nos envolvemos.

Os resultados desta pesquisa conduzem à conclusão de que o indivíduo no fluxo de uma trajetória de carreira passa necessariamente por despedidas nas mudanças de cargos, empresas e até de cidade ou país. O mesmo podemos dizer do indivíduo que migra para outra área reorientando a carreira. Ganhos e perdas, aquisições e rupturas, estão sempre presentes dialeticamente gerando a progressão para o novo e a despedida do contexto vivido anterior. Mesmo quem não muda de posição/cargo em uma organização sofre as transformações do convívio, por mais estável que sejam as relações de trabalho, já que nem nós mesmos e os demais somos os mesmos a cada dia. Assim, entendemos que não há vida laboral sem experiência de luto e que a forma como lidamos com esta condição determina nosso deslocar futuro.

Vejamos o relato de um cliente (30 anos) que buscou psicoterapia porque se percebia inseguro em diversas situações na vida, tendo sido encaminhado por sua orientadora profissional. Graduou-se no curso de Administração de Empresas e trabalhava em uma empresa de publicidade. Para preservação do sigilo quanto à sua identidade, neste momento, o chamaremos por Outdoor.

Em sua primeira prova seletiva de vestibular havia ingressado no curso de Sistemas de Informação, por ser uma "profissão em alta". Naquela ocasião não sabia bem qual profissão escolher. Afora ser uma área vista por ele como "profissão do futuro", alegrou muito sua mãe o fato de ele ter obtido uma vaga para estudar na Universidade de São Paulo (USP) que entendiam (mãe e filho) ser instituição de ensino de grande renome. Outdoor concluiu dois anos (quatro semestres) deste primeiro curso universitário, tendo obtido aproveitamento favorável em todas as disciplinas. Ingressou no curso de Administração em uma universidade particular e por um ano permaneceu em ambos os cursos, para não aborrecer sua mãe. Segundo contou, ela resistia a aceitar que ele desistisse de um curso tão bem visto e tão disputado que lhe dava o bom status de ser um aluno USP. Ele, por sua vez, resistia a frustrar sua mãe e perder esse lugar de filho diferenciado, bem-sucedido, que podia estudar em uma das universidades brasileiras mais disputadas. Sentia-se muito inseguro e ponderou que lhe faltava autoconfiança. A falta de acreditar em si mesmo o atrapalhava. A necessidade de encontrar a melhor posição à frente dos demais, no lugar de funcionar como elemento propulsor, acabava por restringi-lo. Assim ocorreu no momento de escolha da carreira e no esporte.

Outdoor fez parte de treinamentos na categoria Natação em um clube, de seus 8 até 14 anos. Afirmou: "Nadava muito bem mesmo, mas não era o melhor". Por se avaliar assim decidiu desistir. Era muito bom nessa prática e teria conseguido estudar em universidade nos Estados Unidos, ingressando pelo esporte, o que era uma de suas metas, mas acabou desistindo e assistindo colegas que nadavam bem pior que ele obterem vaga em universidades americanas.

Outdoor desenvolveu tendência a pensar no estilo "e se. . .", ou seja, imaginava que o caminho que não tomou poderia ter sido o melhor. Como sua mãe, não podia se conceber perdendo uma vaga na USP, o que revelava que não tinha modelo de como agir ou processar uma decisão que o ajudasse a se vincular a um caminho e se desvencilhar de outros. Tanto recurso bom e o clima era triste e nostálgico: "E se. . ."; "E se. . .". Como teria sido? Levantei alguns pontos desfavoráveis, caso ele tivesse ido morar no exterior e Outdoor concordou e se surpreendeu que pudéssemos pensar em mais fatores bons ou desfavoráveis. O mesmo ocorreu quando conversamos sobre a ideia que passou em sua mente de ser médico e novamente ele desistiu porque não poderia estar entre os melhores em universidades federais. É certo que necessitaria estudar com gratuidade de mensalidade, mas, justificando por sua falta de confiança e alto nível de exigência, também desistiu desse caminho. Não imaginou que se estivesse em listas de chamada posteriores para a matrícula, devido a desistências de alguns candidatos, que isso também atenderia ao propósito adequadamente. Não imaginou muita coisa, pois tendia a vislumbrar realidades perfeitas e a não conseguir assumir perdas ou caminhos alternativos, que também demandariam elaborar lutos cotidianos. Quando tinha chance de recriar, mesmo assim sua sensação era de insuficiência, não se ajeitava. Por exemplo, por intermédio de seu trabalho, pôde morar em um país da Europa e teve sua experiência de morar no exterior, porém isso não tinha utilidade para reparar o fato de que não tinha ido morar fora do Brasil por meio da prática da natação. Sempre concluía: "Talvez teria sido muito legal!".

Ser médico, ser nadador, ser graduado em Sistemas de Informação, ser... ser... ser... representavam tantas vidas que Outdoor não pôde ter. O apego excessivo aos caminhos que ficaram para trás impediram Outdoor de usufruir de seu passado integrando-o em um presente com sentido de valor positivo, projetando-o em um futuro com esperança de prazer e boas produções. Outdoor já avisava a psicoterapeuta em uma primeira entrevista que esta sua modalidade de ação no mundo de maneira lamuriosa – a que denominava por "insegurança" – não se restringia somente ao contexto laboral, mas que precisaria de mais tempo para revelar como esta disposição também estava presente em seu namoro e em outros vínculos de sua vida afetiva no mundo privado. Embora cada um dos episódios mencionados por Outdoor referia vivências de muito tempo atrás, a impressão que transmitia é a de que tais eventos tinham ocorrido ontem ou senão na semana anterior. Há "tanto tempo", "faz tanto tempo", mas ainda não passou.

Outdoor não dizia "estar inseguro", mas sim "ser inseguro", o que remonta toda uma diferença, pois traz a imagem de uma cronicidade. O que estava ficando crônico era a sua dificuldade de realizar o luto pelos caminhos concebidos como perdas irreversíveis ou irreparáveis, mas que ao viver seu pesar e compreender que ao escolher ganhamos e perdemos, poderia atribuir mais sentido ao que optou por ter ou pôde ter. Despedidas malfeitas, decisões não refletidas, perdas incompreendidas interferem nos vínculos que um indivíduo estabelece com suas condições presentes e futuras.

Vimos como Mirra se apresentou insegura, segundo ela mesma avaliou, na oportunidade que teve de ser entrevistada para um novo emprego, após ter sofrido a demissão abrupta na Boldo. Teria obtido a vaga de trabalho se estivesse com outras condições emocionais? Era uma forte candidata, pois exibia talento e larga experiência pregressa. Como uma pessoa acumuladora armazena inúmeros objetos em seu domicílio, sendo que ele deixa de ser funcional e passa a prejudicar sua saúde individual e relacional, o indivíduo que acumula lutos não elaborados em seu percurso permanece com sua mente presa às experiências às quais resta aderido, sem que esse recurso psíquico possa ser deslocado a novos investimentos do momento presente, tornando o sujeito inoperante e prejudicado, amarrado ao seu passado.

Torna-se imprescindível, portanto, que um orientador profissional e de carreira observe o transcurso das experiências laborais de seu orientando em uma linha do tempo quando o entrevista, já que o modo como o indivíduo se despede e se desprende de experiências passadas determina quem ele consegue ser em seu presente. Seja pela força que o luto mal resolvido tem de fixar o indivíduo em situações anteriores muito prazerosas, seja pelo poder de traumatizá-lo com experiências de impacto negativas, tais forças precisam ser elaboradas e neutralizadas. Dito de outro modo, o passado precisa ser passado, do contrário, interfere nas conquistas do presente ou até as impede, demandando por elaboração de processos de luto.

## Políticas públicas voltadas a transformar a organização do trabalho

Tendo em vista o exposto anteriormente, cabem agora algumas sugestões:

1) Regulamentação, por meio de aprovação de lei trabalhista, que obrigue o empregador a realizar entrevista admissional e de desligamento em todos os casos de admissão ou demissão, ou seja, em todos os processos de adequação do quadro de funcionários, não somente com o médico do trabalho, mas também com um psicólogo do trabalho. Vejamos o que diz a Lei brasileira.

A Consolidação das Leis do Trabalho (CLT), em seu Artigo 168 (Vade Mecum OAB, 2021), afirma:

> *Será obrigatório exame médico, por conta do empregador, nas condições estabelecidas neste artigo e nas instruções complementares a serem expedidas pelo Ministério do Trabalho:*
> *I – a admissão;*
> *II – na demissão;*
> *III – periodicamente.*

Caberia a inclusão de um psicólogo do trabalho nesse universo. O psicólogo do trabalho, atento aos processos psicológicos envolvidos nos períodos de transição no trabalho, pode ofertar sustentação ao indivíduo que enfrenta instabilidade laboral, em caráter preventivo. Pode, ainda, realizar encaminhamentos a cuidados que se façam necessários.

A função do psicólogo do trabalho na entrevista pode conectar-se a:

*Na admissão:* verificar nível de ansiedade em relação às mudanças ocorridas e o período de transição; se existem sintomas relacionados aos estressores no trabalho pré-existentes; e se existem lutos mal elaborados frente a perdas anteriores.

*No desligamento*: verificar a compreensão que o trabalhador apresenta em relação ao seu desligamento da organização e questionamentos que possua; e dar um espaço de continência para a expressão de afetos e de aspectos relacionados às suas necessidades de partida.

Nossa entrevistada Mirra, por exemplo, somente queria ficar com o celular da empresa por um dia a mais, para que tivesse tempo de providenciar outro, passar seus contatos; e Mogno queria um espaço para falar de sua pneumonia, dos problemas que vinha enfrentando na sua vida pessoal e do como se sentiu prejudicado por uma colega que aparentou amizade e que ele acredita que possa tê-lo prejudicado. A indústria farmacêutica Boldo focava no futuro, concedendo um benefício de saída, que correspondia a um programa de recolocação que foi bastante apreciado por duas trabalhadoras com as quais tive contato – Mirra e a outra funcionária demitida que a indicou –, porém ficou um vácuo intermediário, no qual Mirra não pôde se despedir, entender as motivações da escolha de sua saída e só desabou a chorar quando estava absolutamente sozinha em seu carro; não esqueçamos que dirigir emocionalmente abalada também é uma situação de risco. Faltou-lhe amparo humano por parte da equipe responsável por conduzir o seu desligamento.

Será que a experiência de morte deva ser vivida no isolamento? Muito se fala de que certo contingente de médicos não é preparado para dar a notícia de morte e lidar com a família do paciente. Chamam a assistente social ou a psicóloga hospitalar para fazê-lo. Sabemos que a morte no Ocidente foi banida, evitada, tratada como tabu, a partir da metade do século XIX. O historiador Ariès (1977) apontou que a partir desse período, a morte passou a ser vista como vergonhosa, interdita. Ficaram comuns a ocultação dos diagnósticos médicos pela família, na intenção de poupar o indivíduo, ocultando-lhe a gravidade de seu estado. Nas palavras de Dias (1991, p. 37):

> *As pessoas não encontram coragem para lhe dizer a verdade: que irá morrer. ... A morte passa a amedrontar tanto ao ponto de não se poder falar nela.*
>
> *Entre 1930 e 1950, desloca-se o local da morte. Os indivíduos passam a morrer em hospitais, em vez de poderem morrer no aconchego do lar. Morre-se sozinho e não mais rodeado pela família. Morre-se no hospital porque os médicos não o puderam curar e não porque se é realmente finito. A morte é agora um fenômeno técnico. Deste modo, a Medicina acabou por definir o significado da morte.*
>
> *... O choro, antes exaltado, agora deve ser realizado às escondidas, não se podendo demonstrar emoções. O importante é se aperceber o mínimo possível que a morte ocorreu.*

Marcados por essa herança no modo de se relacionar com a vida e a morte, podemos compreender mais por que Mirra desabou a chorar no carro somente quando estava só; ou porque Erva-cidreira chorava diversas vezes, porém sempre sozinha, e nem sequer podia ter olhos vermelhos durante nossa entrevista ou aceitar que a entrevistadora lhe buscasse lenços.

A morte em vida, a do dia a dia, não parece ter distinto destino. O emprego morre e quase que o indivíduo tem que morrer junto, pois não encontra com quem elaborar a transição nas inter-relações do ambiente ocupacional. Em poucos minutos ou mínimas horas é lançado num vácuo sozinho: o presente já não mais lhe pertence; o dia seguinte lhe é desconhecido; e está sozinho para atribuir significação a essa abrupta transição.

O mundo corporativo não tem espaço para o luto, ele lança o trabalhador a seguir adiante sem espaço para despedida ou para "escolher a roupa do funeral". A justificativa é de que os recursos devem ser cortados, para que o trabalhador de saída não possa ocasionar nenhum "ataque de revolta"? Talvez haja alguma consciência por parte do setor de RH da organização de que esta modalidade de demissão abrupta é sentida como uma violência, pois que esperam uma retaliação a estilo de Lei do Talião: "olho por olho, dente por dente". Parecem aguardar pela ira do trabalhador e não é ela que constatamos entre nossos entrevistados trabalhadores. De seis entrevistados, no entanto, dois relataram experiências fortes de desligamento e nenhum deles causou processo judicial ou danos às organizações de trabalho. Mogno, nem adoecido clinicamente, abriu ação contra a empresa. O mesmo cabe dizer sobre os dois entrevistados da experiência piloto na empresa Falcão. É paradoxal, portanto, pois o setor de Recursos Humanos na organização, como o nome já aponta, precisaria ele próprio apresentar melhores recursos humanos para o manejo com humanos e, ao contrário, exalam a inabilidade. No lugar de facilitadores de uma transição, as chefias ou o setor de RH complicam o caminho, com a falta de transparência, muitas vezes até prejudicando a autoimagem e autoestima do trabalhador que vai seguir no mercado de trabalho, dependendo de como a demissão é justificada e se não é justificada.

Mirra se perguntava por que ela foi escolhida entre as três a saírem e por que as três que ficaram foram escolhidas a ficarem. Despendeu enorme energia tentando resolver essa equação: se era pela idade, por estar aposentada, por ganhar mais etc. Mas todas as suas hipóteses eram insuficientes, pois sempre tinha alguém que permaneceu com alguma mesma característica que ela. Embora se percebesse competente, afinal estava há 39 anos exercendo sua função na Boldo, e seu chefe ter-lhe assegurado que não era demitida por

240 SOFRIMENTO PSÍQUICO NO TRABALHO...

incompetência alguma, ficava sem entender. Se não é o trabalhador a se culpar, é a gestão que o culpa, como no caso de Mogno que ouviu de sua gestora que ele andava improdutivo e desse modo ficava justificada sua saída mesmo que doente.

Acreditamos, com isso, que o psicólogo do trabalho possa atuar, nesses momentos, concedendo espaço de continência e escuta ao funcionário em situação de desligamento. Às vezes o que um trabalhador necessita é muito pouco. Mirra, por exemplo, desejava ter tido tempo para copiar suas fotos, entre elas, fotos de eventos em que trabalhou e manteve apego com colegas de ofício. Desejava apenas reter suas memórias. Se tempo pudesse ser dedicado ao indivíduo que está de partida, muito se poderia garantir para prevenir possíveis feridas a contribuir com um luto complicado. Diz-se no senso comum do nosso capitalismo selvagem que tempo é dinheiro, mas há de se considerar que tempo também é saúde mental e qualidade de vida. Se existem programas de recolocação, por que não pode haver programas preventivos para promover lutos elaboráveis e em processo e ritmo favoráveis?

2) Disponibilização de benefício relacionado ao acesso a atendimento realizado por psicólogo especializado em Psicologia Social e do Trabalho, por meio de convênio com instituição especializada ou pela abertura obrigatória de departamento de psicologia do trabalho no interior da organização que tenha um número de funcionários superior a 30 trabalhadores, durante o vínculo empregatício e até quatro meses do desligamento do trabalho. Cabe ressaltar mais uma vez que passar pelo médico do trabalho já é obrigatório por lei e que caberia tornar obrigatório também a presença de um Psicólogo do Trabalho, a atuar com fins preventivos, durante o exercício do contrato de trabalho e/ou na ocasião de uma demissão, exercendo certo acompanhamento ao demissionário. Esse profissional estaria mais apto a identificar a ocorrência de perturbações pré-existentes,

*Burnout, stress* laboral, consequências de assédio moral, entre outras manifestações relacionadas às atividades, ambiente e relações de trabalho. Como vimos, a Consolidação das Leis do Trabalho (CLT) brasileira estabelece que o exame médico demissional deve ser realizado obrigatoriamente. Ele tem por objetivo classificar o funcionário como apto ou não para o processo de demissão e garantir a segurança do trabalhador no término do contrato de trabalho. Ele pode ser dispensado somente se o trabalhador tiver realizado anteriormente qualquer outro exame médico obrigatório, em período inferior a 135 ou 90 dias, dependendo do grau de risco da atividade. Nosso entrevistado Mogno, por exemplo, não poderia ter sido demitido, pois possuía uma declaração médica de que estava com pneumonia e o foi, mesmo tendo comunicado seu estado físico à sua gestora no dia em que foi impedido de subir para a sua sala e a esperou no saguão quando teve a notícia da demissão. Sua gestora não considerou a informação recebida de que Mogno era portador de uma pneumonia como um fato grave e nem sequer orientou-o a entregar o atestado médico ao RH. Tendo ignorado que esse fato interferiria no tempo e processo de demissão do trabalhador, ela apenas deu sequência ao seu desligamento, desrespeitando até mesmo leis trabalhistas. No caso de Mogno, o médico do trabalho deveria ter orientado a empresa e o funcionário em relação aos procedimentos necessários, que inclui primeiro a realização do tratamento e encaminhamento do trabalhador à perícia do INSS e, posteriormente, um novo exame médico deveria ser realizado para que a demissão fosse autorizada. Propomos, neste estudo, então, que um psicólogo especializado em Psicologia Social do Trabalho seja incorporado à equipe de saúde do trabalhador atuante nas organizações.

3) Disponibilização gratuita obrigatória ao demissionado de atendimento psicológico por meio de convênio com clínicas psicológicas, em forma de benefício, pelo período de quatro meses pós demissão não voluntária, nos casos em que o trabalhador apresente

242 SOFRIMENTO PSÍQUICO NO TRABALHO...

sintomas e desestabilização emocional significativa, reconhecida pelo psicólogo social do trabalho.

4) Fundação de um laboratório dentro do departamento de Psicologia Social do Trabalho na Universidade de São Paulo (USP/SP), que contemple o atendimento a trabalhadores brasileiros que queiram assistência psicológica, em momentos de transição no trabalho, em modalidade de plantão psicológico. Esse serviço pode ter no escopo a preocupação em prevenir que o luto decorrente de processos nas relações de trabalho ganhe corpo de luto complicado.

Nessa direção, amplia-se o que empresas de grande porte, em geral, fazem, que se limita a terceirizar o cuidado com o trabalhador demitido, ofertando um pacote em consultoria de recolocação, em geral focada no futuro, na próxima etapa, sem que se tenha realizado a despedida da experiência pregressa e tido espaço, tempo, atenção aos processos de enlutamento. Sabe-se que a negação de experiências emocionais é propulsora da formação de sintomas, principalmente os psicossomáticos, como no caso do exemplo de nossa entrevistada Erva-cidreira que "perdeu os cabelos" e necessitou de tratamento dermatológico.

Reafirmamos, com isso, a urgência de se conhecer melhor a vivência experimentada no coletivo de trabalho, para que se possa implementar ações de promoção de saúde junto aos trabalhadores. A existência de um laboratório que reúna psicólogos e pesquisadores voltados ao estudo do luto no labor favoreceria o desenvolvimento de projetos e assistência em saúde ocupacional, melhorando a qualidade de vida no trabalho.

# Conclusão

Por meio dos depoimentos dos entrevistados desta pesquisa, pudemos fortemente entender que os indivíduos nas organizações que compuseram nossa amostragem encontram-se ou já se encontraram em significativo sofrimento psíquico. Diante de perdas sofridas em transições de trabalho, seja porque a empresa tomou a decisão de desligar o trabalhador, seja porque seu setor fechou por algum motivo (terceirização de serviços, fusão entre empresas ou outro), experiências de enlutamento foram vividas e em poucos dos casos (Carvalho e Akita) foi observada a evolução de um luto normal concluída, que se encerraria com a fase da aceitação da perda e abertura para novas situações laborais. Deste modo, o trabalhador teria se despedido das questões relativas à vivência anterior e poderia se vincular à situação nova no seu presente sem se prejudicar carregando as dores e os mal-estares da situação pregressa.

Cabe ressaltar que não foram observadas diferenças estruturais nos temas investigados nesta pesquisa, entre os funcionários e os gestores entrevistados para este estudo. Cada um no seu nível hierárquico dentro da organização acabou por relatar experiências

244 CONCLUSÃO

significativas em relação aos processos de enlutamento, que não diferenciam esses trabalhadores, na qualidade da experiência que diz respeito à vivência de perdas e consequente processo de luto relacionado a ocorrências no ambiente de trabalho.

Inspiramo-nos em Dejours (1987, 1994, 2012) e buscamos identificar vivências de prazer e de sofrimento de nossos entrevistados no trabalho. Também pudemos reconhecer patologias ligadas ao estresse, que muito interferem na relação saúde-adoecimento, por exemplo: Erva-cidreira foi acometida por intensa queda de cabelo, decorrente de estresse no trabalho em um dos seus empregos; Mogno perdeu 20 kg, deprimiu-se e sofreu queda de cabelo diante de estresse físico e psíquico no período de seu divórcio e desligamento da Eucalipto, além de ter passado pela demissão o fato de ser portador de uma pneumonia; e Coelho mostrou sua alopecia por estresse na situação de entrevista, que lhe causou falhas na barba bem visíveis.

Perdas abruptas de condições laborais sem que o trabalhador tenha tempo mental de elaboração denunciam a fragilidade dos vínculos intersubjetivos nas organizações e revela um processo desumanizado, que requer do trabalhador condições adversas e incompatíveis com suas próprias condições biológicas e psíquicas. Isso instala questões de nível ético, já que os modos de produção na sociedade privilegiam o poderio econômico predominantemente, em prejuízo a oferecer sustentação, apoio ao trabalhador. Num mundo mecanizado e tecnológico, necessidades humanas do trabalhador e até a mais básica – ter emprego – ficam alocadas em patamar secundário.

Por meio da escuta clínica em Psicanálise pudemos ter acesso a como a experiência no ambiente do trabalho ganhava mais ou menos significado no mundo subjetivo do trabalhador e qual era a natureza de tais experiências. Delineamos, então, propostas de intervenção por meio de políticas públicas que permitiriam a construção de estratégias mais saudáveis para mediar o sofrimento emergente nas experiências de desligamento e transição na atividade laboral, como também possibilitariam oferecer meios do próprio trabalhador ressignificar e transformar tais vivências, integrando-as à sua história de vida de forma menos violenta, e dando caminho para a perlaboração (Laplanche & Pontalis, 2001), trazendo libertação e bem-estar psíquico.

Como vimos, cabe salientar novamente, a não elaboração do luto relacionado às atividades laborais contribui para a precarização do trabalho e prejudica a saúde mental do trabalhador. Prevenir que o sofrimento se torne patologia mostra-se como o melhor caminho. Nossos entrevistados, por si mesmos, apontaram os benefícios da cooperação coletiva em detrimento da competição. A busca por uma solução coletiva apresenta-se como necessidade premente. Nosso entrevistado, Carvalho, salientou a importância do fazer junto, quando se adaptou a ter que compartilhar seu cargo com o novo CFO da empresa, que chegou para assumir a área a que vinha se responsabilizando. De incomodado passou a ver no novo líder um parceiro interessante com o qual desenvolveu estima, confiança e colaboração mútua, obtendo novamente prazer no trabalho e sensação de produtividade conjunta, mostrando-nos que o trabalho em cooperação e confiança mútua engendrava sua motivação para a obtenção dos bons resultados.

Diante de dificuldades graves encontradas no percurso da carreira, todos os nossos entrevistados mostraram-se resilientes, buscando novos caminhos e lutando com fatores estressores. O poder contar com outras pessoas foi sempre fundamental. A maioria dos entrevistados teve a quem recorrer quando em busca de uma nova colocação, após sofrer um desligamento trabalhista. Desse modo, o exercício da sociabilidade operou como ação de resiliência, ou seja, foram os vínculos sociais dos entrevistados, o capital social (Bourdieu, 1983, 1989), que lhes deram sustentação emocional para prosseguir buscando trajetórias alternativas. Isso nos conduz a acreditar que na relação trabalho *x* prazer está o ingrediente cooperação, ou seja, o estilo cooperativo é o elemento que liga esses indivíduos ao trabalho, o que produz prazer. A sociabilidade quando gera um sentimento de segurança nos vínculos traz sentido ao fazer e ao fazer conjunto. Daí entendermos a indignação de Mogno quando a gestora que o demitiu queria que ele não fosse "amigo" de seus clientes, e ele reagiu dizendo que isto prejudicaria o relacionamento com tais clientes e geraria desconfiança. A presença afetiva de outros trabalhadores em uma situação-problema vivida por um trabalhador transmite-lhe consolo e força. Assim foi para Coelho, quando recebeu carinho de seus colegas quando não pôde ser efetivado no estágio, servindo-lhe de significativo apoio; Mirra apreciava que todos trabalhavam juntos, mesmo em cargos diferentes; e Mogno contava sempre com seus bons relacionamentos com colegas e até com o presidente da empresa Eucalipto ou outros empregadores que veio a ter. A estabilidade nos vínculos foi sempre apreciada por nossos entrevistados e quando ela era ameaçada funcionava como condições estressoras, muitas vezes sentidas até nas condições físicas do espaço de trabalho, como no caso de Mirra que experimentou a mudança da empresa para um novo prédio sem lugares fixos, implicando em ela se sentar a cada dia em um lugar novo.

Necessitamos de uma nova organização do trabalho em que o sofrimento possa também ser acolhido e amparado, porém nos parece que isso somente poderá acontecer com um esforço de conscientização coletivo. Retomamos, nesse momento, as afirmativas de Mendes e Araujo (2012, p. 35): "Por fim, trabalho é viver junto. O trabalho é social por si só". É urgente extrair trabalhadores de suas ilhas individuais para um compartir de experiências ligadas ao enlutamento. Cremos que somente assim poderemos evitar o risco de adoecimento e o da configuração do luto complicado. Nesse sentido, caminhamos em consonância à clínica dejouriana (1984) que propõe o resgate do sentido do trabalho para o sujeito.

Processos de luto por si mesmos são desestabilizadores e causam sofrimento, como vimos nitidamente nos relatos de nossos entrevistados e, portanto, precisam encontrar lugar de acolhimento. Saúde e qualidade de vida devem ser preocupação genuína no mundo corporativo e estarem integrados nas propostas que beneficiem os trabalhadores, favorecendo ações que considerem e lidem com os processos de enlutamento. Neste estudo, após analisar os achados a partir dos conteúdos emergentes que expuseram percepções e experiências de nossos entrevistados, apontamos algumas propostas de cuidado relacionadas ao mundo do trabalho, ao lado de enfatizarmos a importância de ações de promoção de saúde e de prevenção do luto complicado. Afinal, não é possível se conformar que esta realidade presente é a que continuaremos a conduzir. Rodrigues, Alvaro e Rondina (2006, p. 5) afirmam sobre a regra atualmente ser baseada no sofrimento:

> *A normalidade é considerada um enigma na nova dinâmica da Psicopatologia do Trabalho, pois, a maioria dos trabalhadores não consegue preservar um equilíbrio psíquico e manter-se na normalidade, a exceção passou a ser a regra, ou seja, a regra hoje é o sofrimento e não a normalidade. A partir dessa constatação, as investigações na área da Psicopatologia do Trabalho centram-se, não mais na direção das doenças mentais, mas, nas estratégias elaboradas pelos trabalhadores para enfrentarem, mentalmente, a situação de trabalho. A partir desse novo paradigma, Dejours (1994) define a normalidade como o equilíbrio psíquico entre constrangimento do trabalho desestabilizante ou patogênico e defesas psíquicas.*

Há de arriscarmos ser mais otimistas acerca do que se afirma anteriormente, acreditando que se possível for intervir sobre processos que infligem sofrimento ao trabalhador, condições laborais mais criativas possam trazer bem-estar aos envolvidos. Para tanto, é necessário conhecermos a realidade vivida e como ela é concebida pelos próprios trabalhadores.

No que concerne aos processos de luto encontrado entre esses trabalhadores, vimos que ele é percebido associado à triste perda definitiva que interrompe laços e deixa lembranças e saudades. Consideremos que o luto é uma reação à perda, manifestada em expressão de pesar. Nossos entrevistados trouxeram esse mesmo sentido ao mencionarem processos de luto ligados às experiências no trabalho, localizando como perdas principais geralmente a perda do próprio emprego ou de funções ou vínculos com pessoas com que o trabalhador se encontrava em grande apego. Os lutos descritos por nossos entrevistados advinham de cargos extintos, demissões previstas ou inesperadas, perda de sonhos, perda de apoios com indivíduos significativos, retrocessos de carreira, entre outros (Ver Quadro 4).

Sobre o tipo de luto vivido por esses trabalhadores podemos inferir que grande parte dos lutos encontrados – postergado, adiado, não autorizado, não identificado, prolongado –, todos eles são propícios à condução a um luto complicado. Majoritariamente nossos entrevistados estavam ainda mais enlaçados em experiências de dor do que pareciam ter solucionado esses contextos com verdadeiras despedidas resolutivas. Presumimos que apenas dois dos oito trabalhadores a que acessamos haviam concluído as etapas de um luto, chegando a uma verdadeira despedida da experiência, reconhecida e aceita como do tempo passado, a que chamamos de luto normal, elaborado.

Quanto às fases do luto encontradas entre nossos entrevistados, vimos que nenhum dos modelos tomados por referência inicial neste estudo – Bowlby (1985), Kübler-Ross (1977) e Parkes (1998) –, correspondeu plenamente ao processo descrito por nossos trabalhadores entrevistados. O número de fases descritas variou entre três a quatro fases; partiam mais em consenso de uma fase de impacto, alarme e tensão, como descrito por Parkes como fase inicial; as fases intermediárias descritas variavam em seus desdobramentos, mas versavam sobre sobrevivência, elaboração e recuperação; quando as descrições se aproximavam, as fases podiam não estar descritas em mesma sequência; e em sua fase final o luto terminava com a aceitação das novas condições, o que podia incluir uma reparação com reposição do que foi perdido, por exemplo, a obtenção de um novo emprego.

Nessa direção concordamos com Worden (2013), que é preciso não deixar de avaliar a situação singular de cada indivíduo enlutado. Esse autor utilizou-se de uma analogia para focalizar essa questão, lembrando-se do impacto que sentiu com ideias de seu professor de pós-graduação em Harvard, Professor Gordon Allport (setembro de 1957, anotações de aula), que disse aos alunos: "Cada homem é como todos os outros homens; cada homem é como alguns outros homens; e cada homem é como nenhum outro homem". Como seu professor, Worden salientou a importância de preservarmos as diferenças individuais na experiência humana e, portanto, também na vivência do luto. Parafraseando seu mestre, Worden afirmou (2013, p. XVI): "Cada processo de luto de uma pessoa é como todos os processos de luto; cada processo de luto de uma pessoa é como alguns processos de luto; e cada processo de luto de uma pessoa é como nenhum processo de luto". Esse autor acredita que tem havido uma tendência a se perder de vista a singularidade da experiência do luto na clínica do luto e na realização de pesquisas.

250  CONCLUSÃO

Worden (2013, p. XVII) afirmou:

> *A questão da singularidade do luto não é um enfoque novo no campo do luto. Colin Parkes (2002) referiu: "Desde o início, Bowlby e eu reconhecemos que existia grande variação individual na resposta à perda e que nem todo mundo passa pelas fases da mesma forma, ou na mesma velocidade" (p. 380).*

Essas premissas nos conduzem a pensar sobre a importância do atendimento ao indivíduo trabalhador não só em propostas coletivas, mas também individualizadas a partir das especificidades apresentadas pelo trabalhador enlutado. No caso de o luto ser decorrente da passagem por uma demissão, por exemplo, a entrevista demissional com um psicólogo do trabalho se prestaria a identificar tais aspectos idiossincráticos. Fatores micro e macrossociais precisam, com isso, serem considerados.

A hipermodernidade trouxe o avanço tecnológico e a inteligência artificial, entre outras transformações. Se de um lado existem ganhos e vantagens nessas mudanças que instituem novos modos de viver, de outro, cabe fazer o contraponto e refletir sobre que consequências desvantajosas esses processos sociais e institucionais trouxeram às relações humanas e às mantidas nas relações de trabalho, trazendo impactos à saúde dos trabalhadores. A velocidade em que ocorrem mudanças, efeito da globalização, trazendo excesso de informação e a instantaneidade com que circulam, geram estresse ao indivíduo do mundo contemporâneo. Do mesmo modo, ser demitido de modo "relâmpago" pode ser muito nocivo e desestabilizador. O termo usado em analogia é apropriado, já que nossos entrevistados se viram, em sua maioria, surpreendidos repentinamente por uma mudança abrupta ao perder o emprego, que afetava não somente as relações humanas no ambiente de trabalho, mas também as fora dele, quando ouvimos da secretária demitida que nos indicou Mirra para entrevista, que uma amiga que foi demitida, já não tinha mais o carro para viajar no final de semana com sua família, pois precisou deixá-lo na empresa no mesmo dia; e Mirra que não teve tempo de tirar fotos e dados do celular a ser devolvido na mesma hora em que deixou para sempre a empresa e teve que sair com a família para fazer aquisição de outro naquela mesma noite. Também não podemos esquecer que ela deixou a empresa emocionalmente abalada, segurou-se para cair em prantos somente no carro, mas também não tinha mais celular para ligar ao marido ou outra figura significativa em busca de algum apoio. É certo que o celular pertence à empresa, mas estava cedido como um benefício do cargo, para uso pessoal geral do trabalhador. É evidente que experiências relacionadas ao ambiente de trabalho podem causar degradação da saúde do indivíduo em esferas variadas de sua vida.

Esse tipo de experiência, como a entrega abrupta de pertences, em geral temos quando o celular ou o carro são roubados. Não haveria sentido em viver isso num processo de desligamento, quando apesar dos itens materiais concretos pertencerem à organização, o conteúdo pleno não o é, pois mesmo que nele constem somente contatos ou registros profissionais, o trabalhador deveria, a nosso ver, ter a própria autonomia de seus registros. Por exemplo, a quem pertence uma foto tirada entre colegas de trabalho em uma conferência, uma exposição ou uma convenção? O trabalhador não está sendo segregado do grupo de trabalho e sim desligado de suas atividades; e muito menos se transformou em um adversário inimigo que vai atacar e a organização precisa tirar dele suas armas (tecnologia). A observação mostra que o indivíduo continua em contato com relacionamentos que construiu na própria organização, do contrário, Mogno não teria retornado a trabalhar na empresa

## 252   CONCLUSÃO

do ramo de madeiras em que foi demitido por uma nova gestora, poucos anos depois. O que justificaria tamanha desconsideração, que chega até mesmo a assumir tom de violência no trabalho, como fazer Mirra devolver imediatamente seu celular, após 39 anos de dedicação ao serviço, e não ter mais telefone para avisar seu marido que estaria sem celular, caso fosse procurada pela família? É certo que ela poderia ter um segundo celular para uso pessoal, mas não o tinha, pois entendia que o que portava dava conta de tudo e era parte dos benefícios recebidos. Mirra aparentou na entrevista ser uma pessoa dócil, servidora, aquiescente, sabia se submeter, se comunicar com elegância e cortesia, talvez isto decorra em parte de seu treinamento como secretária. Não oferecia perigo para ficar com um celular um dia a mais, mas, na organização, o protocolo não conta com flexibilidade e o indivíduo trabalhador não é olhado em sua individualidade. Ela já havia assinado o documento de demissão quase que imediatamente ao receber o comunicado de seu desligamento. O que aconteceria depois não parecia ser da conta da empresa, mesmo se ela fosse à rua para dirigir chorando, abalada e sem celular para se refugiar na conversa com alguém querido que a confortasse. Vemos um mundo de afetos negados, rechaçados.

Assim deparamo-nos com processos de natureza subjetiva do trabalhador, mas também de processos psíquicos mais amplos, intersubjetivos, compartilhados no coletivo do trabalho, instalando sofrimento e expondo o mal-estar da cultura. A existência humana no mundo do trabalho passou a ser conduzida por via de um tempo de urgência, em critério monetário e às vezes, exclusivamente monetário. Na sociedade brasileira, a demissão de um trabalhador, em geral, não ocorre de maneira humanizada, individualizada, carregando um reconhecimento pelos serviços prestados pelo indivíduo. Não há solução particularizada, singular, o indivíduo fica identificado a um número. Isso atinge, até mesmo, as instituições de ensino.

Uma professora universitária com doutorado atuava em uma clínica psicológica de universidade em 2019, com grupos de alunos em estágio, quando ao final do ano, bem nas proximidades do Natal, recebeu um telegrama do RH da universidade comunicando-a que não precisariam mais de seus serviços. Nada compreendeu sobre o que se passava, pois na noite anterior, sua coordenadora havia lhe oferecido mais grupos para assumir e inicialmente tinha lutado bastante para mantê-la no serviço, tirando uma turma de estágio de um professor que tinha muitas atividades, a fim de manter sua carga horária e, portanto, manter a docente no emprego. Surpreendida, indignada e sem qualquer compreensão do que se passava compareceu em seu último dia (dia seguinte) e se encontrou com a coordenadora que também reagiu com perplexidade. Sua coordenadora disse-lhe que não sabia a causa daquela medida, já que não havia nenhum problema com a docente, ao contrário, era querida e respeitada em sua competência. Posteriormente souberam que outros docentes haviam também recebido a mesma carta demissional – todos eram professores doutores. Esses professores não receberam nem sequer a clássica explicação que nossos entrevistados nas organizações em que trabalhavam recebiam: "Trata-se de uma reestruturação". Sem qualquer entendimento do que havia se passado, foi o médico do trabalho que auxiliou na elaboração dos fatos e em alguma compreensão com os seguintes dizeres: "Não se aborreça, não é nada pessoal, é uma questão de planilha Excel". A professora tinha virado apenas um número, talvez de centavos. Como viver no mundo do trabalho desse modo, em que trabalhadores viram números ou objetos a serem destacados, em um mundo em que o que vigora é ânsia por lucro financeiro e o tecnicismo substituindo o que é do humano?

Nossa entrevistada Mirra, que se sentiu desligada como um tipo de "lixo" a ser descartado, sem mais serventia, após 39 anos, foi a uma entrevista de emprego pouco tempo após ser demitida na Boldo e acabaram optando por outra candidata, ao que ela atribuiu à sua demonstração de pouca energia no contato interpessoal na entrevista. Acredita que teria que ter se apresentado mais interessada para o preenchimento da vaga, mas vivia uma ambivalência em relação a se queria continuar a trabalhar em indústria farmacêutica. Sentia saudades dos eventos, mas também se percebia traumatizada. Afirmou: "Não sabia o que queria ainda, não estava preparada". A atitude receosa e dubitativa quanto a obter o novo emprego pode ter sido consequência da situação traumática com que se deparou após seu desligamento, o que nos conduz a pensar que o modo e circunstâncias em que um trabalhador é demitido interferem no caminho futuro de evolução da carreira. Sendo assim, cuidados preventivos a serem adotados nas demissões de funcionários, além de revelarem responsabilidade relacional e princípios éticos importantes no cuidado ao ser humano, beneficiam diretamente o indivíduo que será lançado no mundo de volta e com boa sorte terá novas oportunidades.

No universo estudado, foram os trabalhadores em empresas familiares que ainda puderam se cuidar um pouco mais. Mogno, ao ser demitido, teve acesso a conversar com o dono da empresa; Carvalho gosta de ser desafiado e foi encontrando na empresa espaços de desenvolvimento; e Guepardo e Leoa, em Várzea Paulista, descreveram que se sentem acolhidos e contentes na empresa. Talvez essas organizações ainda preservem algum resquício de valorização da longevidade e cultivo dos laços interpessoais. Mesmo Mogno, que foi demitido da empresa familiar Eucalipto em uma das gestões, pôde ter acesso direto ao dono da empresa e manifestar sua incompreensão e insatisfação, na ocasião, e voltou a trabalhar na empresa após alguns anos.

É certo que é direito e necessidade de as organizações cuidarem de uma política salarial que lhes atenda em seus interesses econômicos, e que o trabalhador tem que lidar com a oferta e procura de recursos humanos no mercado, com a conjuntura econômica favorável ou desfavorável ao indivíduo e à organização, que geram melhores ou piores oportunidades de emprego, contudo não podemos deixar de ponderar as necessidades humanas básicas. O ser humano não é uma máquina que quando já tem uso suficiente é descartada e substituída por uma nova, por vezes com um custo menor. Trabalhadores não são descartáveis em horas, em alguns minutos. Se o trabalho humano vem sendo paulatinamente substituído pelas máquinas que exercem as mesmas funções e se os trabalhadores que ainda têm emprego esperam pelo momento em que alguém venha lhe fechar o computador e retirá-lo repentinamente de seu *habitat* ocupacional, como o ser humano irá sobreviver? Pensamos que é preciso reter o que é da natureza humana e garantir um espaço laboral mais humanizado, em que a presença emocional também seja bem-vinda. A circulação do capital, a produção, o consumo, a produção de riquezas, todas elas precisam ocorrer, mas que não se tenha o custo da morte humana e, até mesmo, da morte em vida, da morte do labor.

Pensamos ser necessária a implementação de medidas coletivas que legalizem o cuidado com o ser humano que trabalha e presta serviços, dando-lhe a oportunidade de conhecer as razões pelas quais uma medida foi tomada que interfere diretamente em seu cotidiano e auxiliando-o a ressignificar a experiência do desligamento de uma organização. É preciso recolocar na agenda do setor de RH, uma preocupação com a autoestima e o autoconceito do trabalhador, com o bem-estar, a qualidade de vida, o estado emocional com o qual alguém deixa um estabelecimento de trabalho. Por essas razões propomos a presença de um mediador qualificado da área da Psicologia do Trabalho. O médico do trabalho verifica se o trabalhador está apto organicamente a sofrer o desligamento; o psicólogo do trabalho tem competência para verificar se o trabalhador está apto psiquicamente a deixar o espaço de trabalho e do que necessita para realizar essa passagem o mais favoravelmente, de modo a não gerar sintomas ou traumatismos. Entendemos que nesse campo instala-se um desafio e esperamos que este estudo possa servir de inspiração a novas pesquisas que resultem na implantação de medidas que iluminem o trilhar dos caminhos do trabalhador.

# Referências

Aberastury, A., & Knobel, M. (1981). *Adolescência normal.* Artes Médicas.

Aiub, M. (2014). Luto e Filosofia Clínica. In F. S. Santos (Org.), *Tratado brasileiro sobre perdas e luto* (pp. 63-68). Atheneu.

Alioto, E. G. (2015). 4 ways to cope with the loss of a colleague. *Fortune,* California. http://fortune.com/2015/06/05/dealing--with-grief. Acesso em 26.01.2023.

Anstandic, B. (2018). Contact: *The circle up experience.* https://www.thecircleupexperience.com/2018/03/22/corporate-grief--workplace-breaks-heart/. Acesso em 26.01.2019.

Ariès, P. (1977). *História da morte no ocidente.* Francisco Alves.

American Psychiatric Association. (2014). *Manual diagnóstico e estatístico de transtornos mentais – DSM-5.* Artmed.

Antunes, R. (2015). *O caracol e sua concha: ensaios sobre a nova morfologia do trabalho.* Boitempo.

258 REFERÊNCIAS

Archer, J., & Rhodes, V. (1993). The grief process and job loss: A cross-sectional study. *British Journal of Psychology, 84*(3), 395-410.

Attig, T. (2004). Disenfranchised grief revisited: Discounting hope and love. *Omega, 49*(3),197-215.

Baldin, N., & Munhoz, E. M. B. (2011). *Snowball (Bola de Neve): uma técnica metodológica para pesquisa em educação ambiental comunitária.* Trabalho apresentado no X Congresso Nacional de Eucação – EDUCERE e I Seminário Internacional de Representações Sociais, Subjetividade e Educação – SIRSSE. https://www.yumpu.com/pt/document/read/42237613/snowball-bola-de-neve-uma-tecnica-metodologica-. Acesso em 28.04.2023.

Bardin, L. (1978). *Análise de conteúdo.* Edições 70. (Trabalho original publicado em 1977).

Benghozi, P. (2010). *Malhagem, filiação e afiliação. Psicanálise dos vínculos: casal, família, grupo, instituição e campo social.* Vetor.

Blanch, J. M. (2007). Psicología social del trabajo. In M. Aguilar, & A. Reid (Coords.), *Tratado de Psicología Social: perspectivas socioculturales* (pp. 210-238). UAM/Anthropos.

Bleger, J. (1988). *Simbiose e ambiguidade.* Francisco Alves.

Bleger, J. (1984). *Psico-higiene e psicologia institucional.* Artes Médicas.

Bohoslavsky, R. (1977). *Orientação vocacional: a estratégia clínica.* Martins Fontes.

Borges, L. S. (2012). *A resistência emocional e a curva da mudança.* Administradores. https://administradores.com.br/artigos/a-resistencia-emocional-e-a-curva-da-mudanca. Acesso em 07.09.2021.

Bourdieu, P. (1983). *Pierre Bourdieu: sociologia.* Ática.

Bourdieu, P. (1989). *O poder simbólico.* Bertrand, Difel.

Bowlby, J. (1985). *Perda, tristeza e depressão.* Martins Fontes.

Bowlby, J. (1998). *Apego e perda: perda – tristeza e depressão* (2a ed., Vol. 3). Martins Fontes.

Bowlby, J. (2004). *Apego e perda: separação, angústia e raiva* (4a ed., Vol. 2). Martins Fontes.

Caruso, I. (1989). *A separação dos amantes.* Cortez Editora.

Campos, Paulo. (04.01.2011). Post online em matéria à revista Exame. Este *post* não está mais disponível na internet, contudo é possível obter acesso a este conteúdo por meio de slides apresentados por este docente, intitulado *Gestão de mudança e inovação* (set., 2011, slides 13 a 17). Consulte: https://pt.slideshare.net/Sustentare/gesto-da-mudana-inovao. Acesso em 28.04.2023.

Castro, T. G. de, Abs, D., & Sarriera, J. C. (2011). Análise de conteúdo em pesquisas de Psicologia. *Psicologia: Ciência e Profissão, 31*(4), 814-825.

Chiavenato, I. (2009). *Recursos humanos: o capital humano das organizações* (7a reimpressão). Elsevier.

Cortella, M. S. (2010). *Qual é a tua obra? Inquietações propositivas sobre gestão, liderança e ética* (10a ed.). Vozes.

Davis, J. (1998). *Job Loss Survival Guide.* https://web.archive.org/web/20090219204050if_/http://familycorner.net/jobloss/index.htm. Acesso em 28.04.2023.

Dejours, C. (1987). *A loucura do trabalho: estudo de psicopatologia do trabalho.* (2a ed.). Cortez/Oboré.

Dejours, C. (2012). *Suicide et travail: que faire?* Presses Universitaires de France.

Dejours, C., Abdoucheli, E., & Jayet, C. (1994). *Psicodinâmica do trabalho: contribuições da escola dejouriana à análise da relação prazer, sofrimento e trabalho.* Atlas.

260 REFERÊNCIAS

Dias, M. L. (2018). Profissão, carreira e processo de luto. In M. L. Dias, G. A. Lima, & M. C. C. Uvaldo (Orgs.), *Orientação profissional e psicanálise: o olhar clínico* (pp. 65-85). Vetor.

Dias, M. L. (1991). *Suicídio: testemunhos de adeus*. Brasiliense.

Doka, K. (1989) *Disenfranchised grief: recognizing hidden sorrow.* Lexington Books.

Doka, K. (2002). *Disenfranchised grief: new directions, challenges, and strategies for practice*. Research Press.

Durkheim, É. (1977). *O suicídio*. Presença.

Dutra, J. S. (2002). A gestão de carreira. In M. T. L. Fleury (Org.), *As pessoas na organização* (pp. 99-114). Gente.

Enriquez, E. (2014). *Jogos de poder na empresa: sobre os processos de poder e estrutura organizacional*. Zagodoni.

Enriquez, E. (1997). Os desafios éticos nas organizações modernas. *RAE - Revista de Administração de Empresas, 37*(2), 6-17.

Fernandes, M. I. A. (2014). Prefácio. In J. A. Brandt, J. R. E. Heloani, & M. I. A. Fernandes (Orgs.), *Fundamentos da psicologia das relações de trabalho* (pp. 7-9). Zagodoni.

Fonseca, J. P. da. (2014). Luto antecipatório – Situações que se vive diante de uma morte anunciada. In F. S. Santos (Org.), *Tratado brasileiro sobre perdas e luto* (pp. 145-154). Atheneu.

Freud, S. (1969a/1917 [1915]). Luto e melancolia. In *Obras Completas* (Vol. 14, pp. 276-294). Imago.

Freud, S. (1969b). A dinâmica da transferência [1912]. In *Obras Completas* (Vol. 12, pp. 107-119). Imago.

Gaudêncio, P. (2009). *Terapia do papel profissional*. Palavras e Gestos.

Gaudêncio, P. (2007). *Mudar e vencer* (7a ed.). Palavras e Gestos.

Gaudêncio, P. (2004). *Men at work: como o ser humano pode se tornar e se manter produtivo.* Palavras e Gestos.

Gustafsson, J. (2017). *Single case studies vs. multiple case studies: A comparative study.* 2017-01-12. https://www.diva-portal.org/smash/get/diva2:1064378/FULLTEXT01.pdf%20(10. Acesso em 28.04.2023.

Hall, D. T., & Moss, J. E. (1998). The new protean career contract: Helping organizations and employees adapt. *Organizational dynamics, 26*(3), 22-37.

Hennekam, S., & Bennett, D. (2016). Involuntary career transition and identity within the artist population. *Personnel Review, 45*(6), 1114-1131.

Hoyer, P., & Steyaert, C. (2015). Narrative identity construction in times of career change: Taking note of unconscious desires. *Human Relations, 68*(12), 1837-1863.

Kahn, S. (2018). *Death and the city: on loss, mourning, and melancholia at work.* Routledge.

Kindi, E. (2013). *Os sentidos de experiências de trabalho em tempos de flexibilização.* Dissertação (Mestrado) – Instituto de Psicologia, Universidade de São Paulo (USP).

Koury, M. G. P. (2003). *Sociologia da emoção: o Brasil urbano sob a ótica do luto.* Vozes.

Kovács, M. J. (2003). *Educação para a morte – desafio na formação de profissionais da saúde e educação.* Casa do Psicólogo/FAPESP.

Kübler-Ross, E. (1977). *Sobre a morte e o morrer: o que a morte pode ensinar a médicos, enfermeiras, padres e suas famílias.* Edart/EDUSP.

Lapierre, L. (1989). Mourning, potency, and power in management. *Human Resource Management*, 28(2), 177-189.

Laplanche, J., Pontalis, J.-B. (2001). *Vocabulário da psicanálise* (4a ed.). Martins Fontes.

Lazare, A. (1979). *Outpatient psychiatry: diagnosis and treatment*. Williams and Wilkins.

Machin, L. (1998). Grief counselling in context: multiple roles and professional compromise. *British Journal of Guidance Counselling*, 26(3), 387-397.

Magalhães, D. (2006). *Mensageiro do vento: uma viagem pela mudança*. Qualitymark.

Maglio, A. S. T., Butterfield, L. D., & Borgen, W. A. (2005). Existential considerations for contemporary career counseling. *Journal of Employment Counseling*, 42(2), 75-92.

Marras, C. M O. (2016). *Vivências do luto no ambiente do trabalho por profissionais da região metropolitana de São Paulo*. Dissertação (Mestrado) – Pontifícia Universidade Católica de São Paulo.

Meijers, F. (2002). Career learning in a changing world: The role of emotions. *International Journal for the Advancement of Counselling*, 24(3), 149-167.

Mendes, A. M., Araujo, L. K. R. (2012). *Clínica psicodinâmica do trabalho: o sujeito em ação*. Juruá.

Nogueira, L. F. Z., Alves, I. B. E., & Stuckus, M. Z. O. (2014). Luto e trabalho: quando a morte vai trabalhar. In F. S. Santos (Org.), *Tratado brasileiro sobre perdas e luto* (pp. 207-216). Atheneu.

Nucci, N. A. G. (2014). Luto não autorizado, uma dor silenciosa, um sofrimento sufocado (2014). In F. S. Santos (Org.), *Tratado brasileiro sobre perdas e luto* (pp. 155-158). Atheneu.

Organização Mundial de Saúde – OMS. (1993). *Classificação internacional das doenças – CID-10*. Artes Médicas.

Ortiz, R. (1983). A procura de uma sociologia da prática. In P. Bourdieu, *Pierre Bourdieu: sociologia* (pp. 7-36). Ática.

Ovejero Bernal, A. (2010). *Psicologia do trabalho em um mundo globalizado: como enfrentar o assédio psicológico e o estresse no trabalho*. Artmed.

Pagés, M. et al. (1993). *O poder das organizações*. Atlas.

Parkes, C. M. (1998). *Luto: estudos sobre a perda na vida adulta*. Summus Editorial.

Parkes, C. M. (2002). Grief: lessons from the past, visions for the future. *Death Studies, 26*, 367-385.

Parkes, C. M. (2009). *Amor e perda: as raízes do luto e as suas complicações*. Summus Editorial.

Paula, B. (2010). Corpos enlutados: apontamentos para o cuidado pastoral. *Revista Caminhando, 15*(1), 119-126.

Pollock, G. H. (1977). The mourning process and creative organizational change. *Journal of the American Psychoanalytic Association, 25*(1), 3-34.

Rando, T. A. (1993). *Treatment of complicated mourning*. Research Press.

Raphael, B., & Middleton, W. (1990). What is pathologic grief? *Psychiatric Annals, 20*, 304-307.

Ribeiro, M. A. (2007). Psicose e desemprego: um paralelo entre experiências psicossociais de ruptura biográfica. *Cadernos de Psicologia Social do Trabalho, 10*(1), 75- 91.

Ribeiro, M. A. (2009). Estratégias micropolíticas para lidar com o desemprego: contribuições da psicologia social do trabalho. *Psicologia Política*, 9(18), 331-346.

Ribeiro, M. A. (2013). Trabalho e "loucura": articulações psicossociais possíveis? Reflexões da perspectiva da psicologia social do trabalho. *Universitas Psychologica*, 12(4), 1269-1281.

Rizzatti, D. B., Sacramento, A. M., Valmorbida, V. S., Mayer, V. P., Oliveira, M. Z. (2018). Transição de carreira em adultos brasileiros: um levantamento da literatura científica. *Gerais: Revista Interinstitucional de Psicologia*, 11(1), 153-173.

Robbins, S. P. (2009). *Fundamentos do comportamento organizacional*. (8a ed). Pearson Prentice Hall.

Rodrigues, P. F., Alvaro, A. L. T., & Rondina, R. (2006). Sofrimento no trabalho na visão de Dejours. *Revista Científica Eletrônica de Psicologia. Faculdade de Ciências da Saúde de Garça: Ed. FAEF. 4*(7).

Santos, F. S. (Org.). (2014). *Tratado brasileiro sobre perdas e luto*. Atheneu.

Silva, A. C. de O. e (2014). Conceituando o luto. In F. S. Santos (Org.), *Tratado brasileiro sobre perdas e luto* (pp. 71-78). Atheneu.

Solano, J. P. C. (2014). Luto complicado (ou traumático, ou patológico). In F. S. Santos (Org.), *Tratado brasileiro sobre perdas e luto* (pp. 113-116). Atheneu.

Souza, A. M., Moura, D. S. C., & Corrêa, V. A. C. (2009). Implicações do pronto-atendimento psicológico de emergência aos que vivenciam perdas significativas. *Psicologia Ciência e Profissão*, 29(3), 534-545.

Tavares, M. (2003). A entrevista clínica. In J. A. Cunha et al. (Orgs.), *Psicodiagnóstico-V* (5a ed., pp. 45-56). Artmed.

Tehan, M. (2007). The compassionate workplace: leading with the heart. *Illness, Crisis e Loss, 15*(3), 205-218.

Torres, T. (2004). *São Paulo – pátio do colégio: uma história ilustrada a bico de pena.* Globo.

Turato, E. R. (2013). *Tratado da metodologia da pesquisa clínico-qualitativa: construção teórico-epistemológica, discussão comparada e aplicação nas áreas da saúde e humanas* (6a ed.). Vozes.

VADE MECUM OAB e Graduação. (2021). (31a ed.). Saraiva S/A Livreiros Editores.

Worden, J. W. (2013). *Aconselhamento do luto e terapia do luto: um manual para profissionais da saúde mental* (4a ed.). Roca.

Zanelli, J. C. (2014). Estresse nas organizações do trabalho. In Bendassolli, P. F., & Borges-Andrade, J. E. (Orgs.), *Dicionário de Psicologia do Trabalho e das organizações* (pp. 333-339). Casa do Psicólogo.

Zell, D. (2003). Organizational change as a process of death, dying, and rebirth. *The Journal of Applied Behavioral Science, 39*(1), 73-96.

Zimerman, D. E. (2010). *Os quatro vínculos: amor, ódio, conhecimento, reconhecimento na psicanálise e em nossas vidas.* Artmed.

# Anexo 1 - Termo de Consentimento Livre e Esclarecido - TCLE

 **UNIVERSIDADE DE SÃO PAULO**
**INSTITUTO DE PSICOLOGIA**

### TERMO DE CONSENTIMENTO LIVRE E ESCLARECIDO

Você está sendo convidado/a para participar, como voluntário/a, em uma pesquisa. Após ser esclarecido/a sobre as informações a seguir, no caso de aceitar fazer parte do estudo, assine ao final deste documento, que está em duas vias. Uma delas é sua e a outra é da pesquisadora responsável. Em caso de recusa, você não será penalizado/a de forma alguma.

**INFORMAÇÕES SOBRE A PESQUISA:**
O objetivo dessa pesquisa é compreender como gestores/as e trabalhadores/as, pertencentes ao mundo organizacional da cidade de São Paulo, vivenciam o processo de luto decorrente de mudanças e/ou perdas vivenciadas nas relações de trabalho.

Será realizada uma entrevista com duração aproximada de 60 a 90 minutos, podendo este tempo ser maior ou menor a depender de sua disponibilidade e daquilo que tem para relatar. Esta entrevista tem objetivos acadêmicos e didáticos, não havendo nenhuma outra finalidade. Será solicitado que conte histórias de perdas e lutos vivenciadas ao longo de sua trajetória de trabalho. Ela será gravada em áudio, sendo que as gravações ficarão arquivadas no computador pessoal da pesquisadora, protegido com senha e sem identificação dos/as entrevistados/as. As entrevistas serão realizadas na USP ou em local indicado por você. Caso seja necessária alguma complementação da entrevista realizada, gostaria de solicitar sua colaboração para novo contato.

Vale salientar que a participação é voluntária, sendo que a não autorização para uso do material para pesquisa não implica em nenhum problema. Você poderá pedir os esclarecimentos que desejar e/ou deixar a pesquisa a qualquer momento, retirando seu consentimento, sem quaisquer consequências, penalizações ou prejuízos. Além disso, o sigilo está garantido e sua identidade não será revelada sob nenhuma hipótese.

A pesquisa apresenta riscos mínimos a você, principalmente relacionados ao fato de que uma reflexão sobre processos de luto pode gerar algum desconforto, e, como benefícios, você poderá refletir sobre sua trajetória e vivência de trabalho e contribuirá para a compreensão da experiência de trabalho de jovens e adultos/as na atualidade. A pesquisa não lhe trará nenhuma vantagem financeira. Caso seja necessária a realização de atendimento psicológico em função da participação na pesquisa, você será encaminhado para a Clínica Psicológica Durval Marcondes do Instituto de Psicologia da Universidade de São Paulo (IPUSP), onde será atendido/a gratuitamente.

O material coletado na pesquisa poderá ser utilizado em uma futura publicação em livro e/ou revista científica, mas, novamente, reforça-se o sigilo, pois em nenhum momento sua identidade será revelada.

Para qualquer dúvida, entre em contato com o Departamento de Psicologia Social e do Trabalho (Av. Prof. Mello Moraes, 1721 - Bloco A, sala 105, Cidade Universitária – São Paulo, SP) – Fone: (11) 3091-4184, e-mail: ml.lacospsicologia@yahoo.com.br) ou diretamente no Comitê de Ética em Pesquisa com Seres Humanos da Escola de Artes, Ciências e Humanidades da Universidade de São Paulo – EACH-USP (Rua Arlindo Béttio, 1.000, Cangaíba, São Paulo-SP, CEP: 03828-000 – fone: (11) 3091-1046, e-mail: cep-each@usp.br).

Pesquisadora
Maria Luiza Dias Garcia
Instituto de Psicologia da USP

### CONSENTIMENTO DA PARTICIPAÇÃO NA PESQUISA

Eu, _____, abaixo assinado/a, concordo em participar do estudo *O indivíduo em luto na organização: perdas e enlutamento na experiência laboral de gestores/as e trabalhadores/as, na cidade de São Paulo* como participante. Fui devidamente informado/a e esclarecido/a pela pesquisadora Maria Luiza Dias Garcia sobre a pesquisa, os procedimentos nela envolvidos, assim como os possíveis riscos e benefícios decorrentes de minha participação.

Local e data: _____
Assinatura: _____

## Anexo 2 – Informações solicitadas em formulário de dados pessoais a ser preenchido no dia da entrevista

Nome:_____

RG:_____

E.mail:_____

Telefone:_____

Data de nascimento:_____

Idade:_____

Sexo:_____

Estado Civil:_____

Endereço:

_____

_____

Empresa em que trabalha:_____

Cargo:_____

Tempo nessa empresa:_____

Formação acadêmica:

_____

_____

Impressão e Acabamento

# Bartiragráfica

(011) 4393-2911